广视角·全方位·多品种

权威·前沿·原创

皮书系列为
"十二五"国家重点图书出版规划项目

国家社科基金重大课题《中国特色社会主义民主政治的理论
建构与战略路径研究》（11&ZD019）和"连氏中国城市
服务型政府指数"联合资助项目

公共服务满意度蓝皮书

BLUE BOOK OF
SATISFACTION WITH PUBLIC SERVICES

中国城市公共服务评价报告
（2013）

EVALUATION OF URBAN PUBLIC SERVICES
IN CHINA(2013)

主 编／胡 伟 吴 伟
副主编／赵大海

社会科学文献出版社
SOCIAL SCIENCES ACADEMIC PRESS (CHINA)

图书在版编目（CIP）数据

中国城市公共服务评价报告. 2013/胡伟，吴伟主编.
—北京：社会科学文献出版社，2013.12
（公共服务满意度蓝皮书）
ISBN 978 - 7 - 5097 - 5249 - 4

Ⅰ.①中…　Ⅱ.①胡…②吴…　Ⅲ.①城市 - 社会服务 -
评价 - 研究报告 - 中国 - 2013　Ⅳ.①D669.3

中国版本图书馆 CIP 数据核字（2013）第 257838 号

公共服务满意度蓝皮书
中国城市公共服务评价报告（2013）

主　　编／胡　伟　吴　伟
副 主 编／赵大海

出 版 人／谢寿光
出 版 者／社会科学文献出版社
地　　址／北京市西城区北三环中路甲 29 号院 3 号楼华龙大厦
邮政编码／100029

责任部门／经济与管理出版中心（010）59367226　　　责任编辑／刘宇轩　张景增
电子信箱／caijingbu@ssap.cn　　　　　　　　　　　　责任校对／史晶晶
项目统筹／许秀江　王婧怡　　　　　　　　　　　　　责任印制／岳　阳
经　　销／社会科学文献出版社市场营销中心（010）59367081　59367089
读者服务／读者服务中心（010）59367028

印　　装／北京季蜂印刷有限公司
开　　本／787mm×1092mm　1/16　　　　　　　　　印　　张／15.75
版　　次／2013 年 12 月第 1 版　　　　　　　　　　字　　数／182 千字
印　　次／2013 年 12 月第 1 次印刷
书　　号／ISBN 978 - 7 - 5097 - 5249 - 4
定　　价／69.00 元

本书系 2011 年国家社科基金重大课题《中国特色社会主义民主政治的理论建构与战略路径研究》（11&ZD019）的阶段性研究成果；同时，本书也系由新加坡南洋理工大学公共管理研究院与上海交通大学国际与公共事务学院共同开展的"连氏中国城市服务型政府指数项目"的研究成果。

上海交通大学国际与公共事务学院
上海交通大学民意与舆情调查研究中心
新加坡南洋理工大学南洋公共管理
研究生院联合研创

上海交通大学国际与公共事务学院成立于 2003 年，是交通大学这所百年名校面向新世纪建设高水平的综合性、研究型、国际化大学的一个重要战略步骤。学院涵盖政治学与公共管理两个一级学科，拥有公共管理学一级学科博士点。学院院长为著名政治学家胡伟教授，名誉院长为原中国人民解放军副总参谋长熊光楷上将。学院长期致力于公共服务评估、民主政治、公共经济政策评估等领域的研究，并已取得了丰硕的成果。

上海交通大学民意与舆情调查研究中心成立于 2009 年，隶属于上海交通大学国际与公共事务学院。该中心致力于公共服务评估、民意舆情调研等领域的研究。本课题的数据收集和分析工作主要由上海交通大学民意与舆情调查研究中心具体负责。

新加坡南洋理工大学南洋公共管理研究生院成立于 2009 年，现任院长为吴伟博士。该研究生院致力于中国政府官员的培训以及与中国有关的公共管理和经济管理等领域的研究。

主要编纂者简介

胡　伟　男，博士，上海交通大学特聘教授、博士生导师、国际与公共事务学院院长、民意与舆情调查研究中心主任，上海市社会科学界联合会副主席，国务院政府特殊津贴获得者，"百千万人才工程"国家级人选，国家社科基金重大项目首席专家。主要研究领域为比较政治学、政策分析、中国政府与政治。兼任国际政治学会（IPSA）理事会成员、中国国际关系学会副会长、中国政治学会常务理事、中国领导科学研究会常务理事、上海市行政管理学会副会长、上海市政治学会副会长、教育部高等学校政治学学科教学指导委员会委员、Journal of Comparative Policy Analysis 编委、《政治学研究》编委等。著有《政府过程》、《司法政治》、《论政治》、《现代化的模式选择》等，在《中国社会科学》、《国外社会科学》、《政治学研究》等国内外刊物发表论文上百篇。

吴　伟　男，美国印第安纳大学博士，新加坡南洋理工大学南洋公共管理研究生院院长，兼任厦门大学客座教授、连瀛洲纪念奖学金学者计划执行主任等。主要研究领域为领导与管理、危机管理、公共关系等。曾任南洋理工大学人文学院副院长、新加坡国立大学管理学院博士生导师等。

赵大海 男，博士，上海交通大学国际与公共事务学院副教授，公共经济与社会政策系副主任，民意与舆情调查研究中心副主任。主持国家社科基金项目、教育部人文社会科学研究基金项目、上海市哲学社会科学规划项目等多项课题，主要研究领域为公共经济与公共政策、社会保障与卫生政策。

摘　要

　　中共十八大明确提出了我国行政体制改革的目标是建设职能科学、结构优化、廉洁高效、人民满意的服务型政府。衡量服务型政府建设必然是以人民群众是否满意为核心标准。本书的主要研究方法是参考国际通行的公共服务公众满意度的指标体系构建方法，构建出了符合我国大城市公共服务特征的政府公众满意度指标体系；与此同时，采用计算机辅助电话问卷调查（Computer - Assisted Telephone Interviewing，CATI）的方法对全国 34 个副省级及以上城市的成年居民进行了随机调查。本书的主要内容首先是对公众满意度的评价指标体系以及本次调查基本情况的描述，然后是对政府公众满意度的各维度结果进行了介绍，对各城市在政府公众满意度的排名进行了发布；在此基础上，本书重点围绕公众对基础教育、公立医院、房价稳定、社会保障、环境保护、社会治安、基础设施、文体设施、公共交通九个领域在内的公共服务的满意程度进行了分城市和分领域的比较。最后，本书指出了城市公共服务公众满意度当前存在的主要问题，以及提出了一系列相应的改进对策和建议，以期为我国服务型政府建设提供科学和可行的政策参考。

Abstract

The goal of the Chinese administration system reforms is to set up a service-oriented government with scientifically sound function, optimal structure, honesty and high efficiency, and satisfactory to the people. Therefore, the criterion for the evaluation of the service-oriented government is whether the government is satisfactory to the people. The methods of the research include the establishment of the public satisfaction evaluation index system, and the questionnaire survey on the citizens in 34 metropolises through the method of Computer – Assisted Telephone Interviewing.

The first part of the book describes the evaluation index system of public satisfaction, sampling methods, and the other basic conditions of the questionnaire survey. The second part of the book introduces the major results and the ranking of public satisfaction scores among the 34 metropolises. In addition, this book focuses on the comparisons of public satisfaction with 9 public services, including public education, public hospitals, stable housing price, social security, environmental protection, public safety, urban infrastructure, recreational and sports facilities, and public transportation among the metropolises. Based on the above analysis, this book hopes to play an important role in the construction of a service-oriented government through the several suggestions and advice on improving public satisfaction.

前　言

早在复旦大学读书的时候，我就对国外的一些民意调查项目和机构很感兴趣，那时诸如美国盖洛普那样著名的民意调查组织已经开始被中国人所熟悉。从复旦大学转到上海交通大学任教后，我着手创办国际与公共事务学院，当时心中有一个梦想，就是依托政治学和公共管理学科建立一个一流的民调中心。

这个梦想后来终于实现了。2009 年 11 月 12 日，上海交通大学民意与舆情调查研究中心（简称民调中心）正式成立，智利总统巴切莱特女士（现任联合国副秘书长）和中共中央候补委员、上海交通大学校长张杰院士共同为中心揭牌。中心依托上海交通大学发挥民意调查所需的文理学科交叉的优势，以反映社情民意、分析舆情动向、备选决策参考、引导公共舆论、提供信息服务为宗旨，努力打造中国一流的民调机构。中心成立后，其开展的一个大型调研项目，就是与新加坡南洋理工大学公共管理研究生院（Nanyang Center for Public Administration）合作，在新加坡连氏基金的支持下，进行中国城市公共服务满意度的 CATI 调查，并在此基础上形成中国城市公共服务满意度的排行榜。

中共十八大明确提出"建设职能科学、结构优化、廉洁高效、人民满意的服务型政府"的目标。服务型政府的打造，要以给全社会提供必要的和优质的公共服务为目的，以政府自身职能的科学定位、结构的优化组合、施政的廉洁高效为手段，以公众的满意度、评价权和选择权为前提和归宿。因此，衡量服务型政府建设的好坏，最终的标准还是看人民群众是否满意，以及人民群众是否有表达权、评价权和选择权。我们做这个项目的目的，一方面是建立一个表达和显示主流民意的平台，准确体现民众对城市服务型政府建设的满意度，给公民的表达权和评价权提供一个有效的渠道；另一方面，也是借助民意和舆论给政府施加外在压力和动力，鼓励先进，鞭策后进，推动中国的服务型政府建设向着更为健康、更为良性的方向发展。

通过民意调查来准确显示民意，保障公民的表达权和评价权，也是实现善治的必要途径。之所以这样说，是因为在我国，比较缺乏主流民意的表达渠道。时下一些官员常说要把人民满意不满意、人民高兴不高兴、人民赞成不赞成、人民答应不答应作为衡量政府一切工作的标准，但是我们怎么知道人民满意不满意、人民高兴不高兴、人民赞成不赞成、人民答应不答应呢？如果没有一套科学的民意调研方法，而是靠主观臆断和猜测，肯定是不行的。

从国际上看，主流民意的表达和显示主要有三种方式，一是投票选举，二是代议政治，三是民意调查，这是聚合主流民意的"三驾马车"。在我国，这三种方式在形式上也存在，但实际功能发挥得十分有限。在目前我国民主选举还不能实现大的突破、代议制度因而也很难准确反映主流民意的情况下——这些方面的改善需要大的制度创新，非一朝一夕之功——民意调查就成为了在现存制度框架内和在短时间内既可操作且立竿见影的一种途径，甚至可以在一定程度上弥补由于选举和代议民主不足而引起的民意失语、失真的缺陷。换言之，尽管我国目前尚不可能形成上述"三驾马车"的主流民意显示机制，但至少可以让一架马车先跑起来，并做大做强，这就是民调的价值和意义所在，也是本中心项目实施的宗旨和使命。

这个项目的努力方向，就在于通过科学的民意调查和分析研究，聚合主流民意，准确反映老百姓的公共服务满意度，并借此改善政府绩效和公共服务。这不仅可以有效体现公民的表达权和评价权，甚至也可以间接保障公民的选择权。政治学意义上的公民选择权，首先和基本的是人民可以选择政府，投票选举即为其主要的途径。狭义上说，只有投票选举才是真正的投票；而广义上说，人们的投票方式有三种，即用手投票、用脚投票和用嘴投票。用手投票即一般意义上的投票选举，这是人们最为熟悉的。用脚投票也开始为人们所了解，它是指在人口流动不受限制、存在大量政府辖区、信息比较完备等条件下，各地居民可根据各地政府提供的公共产品和税负的状况，来自由选择那些最能满足自己偏好的地方定居。简言之，就是居民可以从不能满足其偏好的地区迁出，迁入可以满足其偏好的地区居住，即选择离开或者放弃某地，这就是用脚投票。除了用手投票和用脚投票，我在这里再加上一种——用嘴投票，即通过科学的问卷调查来显示民众的偏好，进而影响政府的公共政策和行为，目前人们对此尚未形成概念，而这正是在当前我国需要特别提倡的。

因此，从上述意义上说，民调就是一种投票。在我国目前"用手投票"即选举投票的制度安排尚不健全的情况下，"用脚投票"和"用嘴投票"不失为一种替代性的方法。"用脚投票"和"用嘴投票"相比，前者的限制条件更多且成本也更高，因为居民的迁徙往往不是一件容易的事情，不仅需要社会的充分开放和自由流动的相应制度和政策，而且对于迁徙者来说通常代价高昂，是要下很大决心的，这一般只能作为最后的手段，而不能成为日常的民意表达的方法。而民意调查则是一种成本较低、容易实施且可反复使用的方法，如果加以大力倡导并能够影响政府的决策，进而作为领导干部选拔、考核、任用的依据之一，真正形成"用嘴投票"的机制，其前景在我国应当十分广阔，在一定程度上甚至可以成为投票选举的"替代物"，虽然从根本上说竞争选举作为民主政治的基本制度安排是不可替代的。在国际上的民主国家，选举和民调是主流民意表达的两个轮子，缺一不可，而且民调使用得更广泛、更频繁，即使在选举过程中也普遍使用，对选举过程和结果也会产生一定的影响，两者经常偶合在一起，相得益彰。在我国，大规模直选和竞选的条件现阶段尚不具备，因此民调就成为当前唯一可以常态化、制度化的途径，这也可构成扩大公民有序参与的现成的手段。

然而，民意调查是需要科学方法的。目前各类民调开始多了起来，但其可靠性、可信度却屡遭质疑，一些民意调查结果一出来便受到网民普遍抨击。2010年12月，中国青年报社会调查中心通过民意中国网和新浪网，对1655人进行的一项调查显示，96.9%的人认为，政府在制定公共政策时应征集民意，但同时84.5%的人反映目前民意征集"存在走过场"问题，还有63.7%的人认为部分民意征集"随意性大，缺乏统计和分析"（参见《中国青年报》2010年12月29日）。这说明，一方面民众对于民意表达有着强烈的需求，另一方面目前的民调手段和方法还远不能满足民众的需要，其科学性、专业性都亟待提高。

传统上，中国各级政府是通过所谓的"调查研究"来了解民意，主要方式是有关领导和部门到实地走访、蹲点，通过走家串户、个别访谈、座谈会、研讨会等方式搜集民意，这对于深入了解和掌握局部的情况是有一定效果的，但一般不适用于针对整体的、大范围的调查。这种调查取得的民意通常是部分的、特定的，而不是普遍的、主流的。而且，其可能存在的隐患是一些领导和部门的调研可能先入为主，带有很强的目的性，调查对象甚至被预定，从而造成严重的民意失真。近年来，听证会的方式开始受到重视，但在技术方法上还存在诸多问题，通常是政府部门自娱自乐、自导自演，因此经常出现"逢听必涨"的情况，听证会变成了"听涨会"而被普遍诟病。而且，即使听证会能够严格按照规范的程序运作，其样本数量也是非常有限的，不能代表普遍民意。随着互联网的普及，目前许多政府和媒体热衷于做网络调查，网络民意成为当前民意表达的一种非常重要且具有相当影响力的形式，但也要看到网民只是部分公民，一般只代表部分群体的意见，而且网民意见很难做到均匀分布，样本的偏差性往往比较大，例如可能会集中在某个特定的年龄段和特定群体之中。虽然有网络民意表达总比无任何民意显示要好，而且在不少情况下网民意见也起到了一定的积极作用，但不能就把网络民意简单视为主流民意，而且还可能出现网络民意绑架主流民意的状况。

　　有鉴于此，主流民意的调查，还是应当通过严格的抽样调查的方法，目前国际上普遍使用的大规模抽样调查的方法，即计算机辅助电话问卷调查（Computer-Assisted Telephone Interviewing，简称CATI）。但CATI调研在我国还是一个新生事物，具有大规模开展CATI资质的机构并不是很多，造成鱼目混珠的状况。实际上，民调的专业性很强，如果问卷设计、抽样方法、数据分析和意见权重分配等环节不规范，很可能出现"失之毫厘，谬以千里"的情况，做了之后不但没有效果，还会误导舆论，带来负面影响。特别是，目前我国独立的第三方专业化调研机构还很少，具有权威性和影响力的就更少。这也是上海交通大学民调中心建立的初衷所在。

近年来，我国一些学者和研究机构以地方政府绩效、政府公共服务提供、生活满意度等为主题进行了一系列测评，产生了一定的影响。例如，2004 年，甘肃省政府委托兰州大学中国地方政府绩效评价中心对 39 个省政府部门和 14 个市、州的政府绩效进行第三方评价，调查企业对省政府部门职能发挥与政策水平、依法行政、政风与公务员素质、服务质量以及市、州政府落实省政府重点工作的满意率。2007 年以来，华南理工大学政府绩效评价中心每年发布红皮书，独立对广东省 21 个地市和 121 个县进行政府整体绩效排名，从促进经济发展、维护社会公正、保护生态环境、节约运作成本、实现公众满意 5 个方面将客观统计数据和主观公民调查进行综合评价。2011 年 6 月，首都经贸大学与中国社会科学院经济研究所联合发布《中国城市生活质量指数报告》，对 30 个省会城市的总体生活满意度进行排名，包括收入现状、收入预期、生活成本、医疗保障、生活环境、生活节奏和生活便利等方面的满意度，每个分指数都由主客观指标构成，客观指标来自统计数据，主观指标则通过随机电话调查 7 万多个公民获得。2011 年 7 月，中国社会科学院马克思主义研究院发布《中国城市基本公共服务力评价（2010～2011）》，对 38 个大城市在公共交通、公共安全、住房保障、基础教育、社会保障和就业、医疗卫生、城市环境、文化体育、工职服务水平等 9 个方面的公共服务能力进行评价。

这些研究都具有一定的建设性和现实意义，但从方法论上说也存在一些不严谨、不规范的地方，例如一些调研没有严格运用科学的抽样方法，其中 CATI 调研应用得也不多，一些报告只有数据而没有公开调查过程，其可靠性值得质疑。要保证调查结果的可靠度和可信度，调查过程中各个环节都很重要，包括调查的中立性、机构的专业性、问卷设计的科学性、数据库的完整性、抽样的随机性、访谈过程的客观性、数据分析的可靠性等。

在新加坡连氏基金会的资助下，上海交通大学国际与公共事务学院和新加坡南洋理工大学公共管理研究院于 2011 年首度合作开展了中国城市公共服务公众满意度调查，该项目运用 CATI 调研方式对全国 32 个主要城市进行了问卷调查，并在上海交通大学举行了新闻发布会，社会反响强烈，人民日报等三百多家媒体对此进行了报道或新闻转载，有些城市还把此次调查的结果写入了政府工作报告。基于此次调查，形成了《中国城市公共服务公众满意度蓝皮书》（胡伟、吴伟主编，上海人民出版社，2013)，对此次调研结果进行了总结和分析。

在首度合作的基础上，上海交通大学国际与公共事务学院和南洋理工大学公共管理研究院于 2012 年再次开展了第二期的中国城市公共服务公众满意度调查。本次调查基于第一期调查经验的基础上，由原先的 32 个城市扩大到了 34 个城市，对某些调查指标又进行了科学性和可行性的校正，并于 2012 年 11 月 21 日在上海举行了 "2012 连氏中国城市服务型政府指数新闻发布会"，公布了中国城市公共服务满意度排行榜，新华社、人民网、中央电视台、东方卫视等众多媒体进行了报道，产生了巨大的社会影响。有鉴于此，社会科学文献出版社的同人与我策划，把对本项调研结果的总结性研究纳入该社的蓝皮书系列，于是就有了本书的面世。

本项研究的成功开展和本蓝皮书的出版，要感谢我的合作伙伴和同事们。首先要感谢的是以吴伟院长为首的南洋理工大学公共管理研究生院的团队，我们双方的合作是这项民调研究成果的基础和前提。其次，要感谢连氏基金的支持，没有雄厚资金为后盾，这项调查活动是难以开展的。同时，要感谢社会科学文献出版社的许秀江先生和编辑们，他们的热情和敬业是本书得以出版的不可或缺的条件。最后，还要感谢上海交通大学国际与公共事务学院及其民调中心的同事们，其中，赵大海副教授、蒋怡博士、纪江明博士作为本研究团队核心成员对调研项目的开展做出了重要贡献，赵大海、纪江明、邱忠霞则参加了本蓝皮书的撰写，学院办公室人员为其提供了后勤保障。在此，我要特别感谢我的同事赵大海副教授，他不仅全程组织和参与了本项调研和分析，而且对于蓝皮书的成功编写发挥了关键的作用。

本蓝皮书作为连氏中国城市服务型政府调查项目的主要成果之一，是集体劳动的结果。全书由我拟定写作框架，全部书稿最后由我和赵大海副教授审定。本书各部分的撰稿人如下：前言（胡伟）、技术报告和总报告（赵大海）、公共服务各领域的公众满意度描述（纪江明）、结论与政策建议（邱忠霞）。

希望本书的面世，能够引起学界、政界和社会各界的关注，为推动我国的服务型政府建设起到一定的积极作用。同时，也欢迎广大读者对本书提出宝贵意见和建议，使我们这项工作今后能够做得更好。

胡　伟

2013 年 10 月于上海交通大学国际与公共事务学院

目 录

B I　技术报告

B.1　城市公共服务评价的指标体系与调查设计 …………… 001
　　一　研究背景 ……………………………………………… 002
　　二　公共服务满意度测评指标体系构建
　　　　与调查设计 ………………………………………… 005
　　三　小结 ………………………………………………… 010

B II　总报告

B.2　调查主要结果概述 ………………………………… 012
　　一　公共服务提供的公众满意度情况 …………………… 012
　　二　公共服务公众满意度总体情况介绍 ………………… 020
　　三　小结 ………………………………………………… 027

B.3　公共服务提供的公众满意度的各城市比较 ………… 030
　　一　公共服务提供满意度的城市分层 …………………… 030

二　各城市公共服务提供满意度的比较 ············ 032

三　小结 ······································· 065

ⅡⅢ　分报告

Ⅱ.4　公共服务各领域的公众满意度描述 ·············· 069

一　基础教育公众满意度评价 ················· 070

二　公立医院公众满意度评价 ················· 082

三　房价稳定公众满意度评价 ················· 096

四　社会保障公众满意度评价 ················· 110

五　社会治安公众满意度评价 ················· 123

六　基础设施公众满意度评价 ················· 135

七　环境保护公众满意度评价 ················· 148

八　文体设施公众满意度评价 ················· 160

九　公共交通公众满意度评价 ················· 172

十　小结 ······························· 185

Ⅱ.5　结论与政策建议 ························· 187

一　城市公共服务公众满意度现状：预期

与发现 ······························· 188

二　公共服务满意度提升的统筹思维：服务型

政府的整体定位 ························· 194

三　提升城市公共服务公众满意度的对策建议 ······ 208

皮书数据库阅读**使用指南**

CONTENTS

B I Technical Report

B.1 **Index System of Public Satisfaction Evaluation
and Survey Design**   / 001

    1. Research Background   / 002

    2. Construction of Public Satisfaction Index and Survey   / 005

    3. Brief Summaries   / 010

B II General Report

B.2 **Outline of the Survey Results**   / 012

    1. Satisfaction on Public Services   / 012

    2. Public Satisfaction on Government   / 020

    3. Brief Summaries   / 027

B.3 **Comparisons of Satisfaction on Public Services among Cities**   / 030

    1. Metropolis Stratification   / 030

    2. Comparisons of Public Satisfaction among Cities   / 032

    3. Brief Summaries   / 065

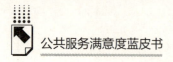
B Ⅲ Special Report

B.4 **Public Satisfaction Description among Fields**   / 069

    1. Public Satisfaction on Public Education   / 070

    2. Public Satisfaction on Public Hospitals   / 082

    3. Public Satisfaction on Stable Housing Prices   / 096

    4. Public Satisfaction on Social Security   / 110

    5. Public Satisfaction on Social Safety   / 123

    6. Public Satisfaction on Urban Infrastructure   / 135

    7. Public Satisfaction on Environment Protection   / 148

    8. Public Satisfaction on Recreational and Sports Facility   / 160

    9. Public Satisfaction on Public Transportation   / 172

    10. Brief Summaries   / 185

B.5 **Conclusions and Suggestions**   / 187

    1. Expections and Findings of Public Satisfaction Status   / 188

    2. Overall Thinking of the Service-oriented Government   / 194

    3. Suggestions on Improving Public Satisfaction   / 208

技术报告

Technical Report

B.1
城市公共服务评价的指标体系
与调查设计

　　"服务型政府"作为新的政府治理模式已是世界各国政府改革的主题[1]。对于中国而言，党的十八大报告也明确提出了要以建设人民满意的服务型政府为改革的目标。服务型政府的建设必然要以公众的满意度为前提和归宿，因而衡量服务型政府建设的好坏，最终的评价标准是看人民群众是否满意[2]。基于中国的实际国情，建立起科学和客观的公共服务公众满意度测量指标体系

---

① 〔美〕珍妮特·登哈特、罗伯特·登哈特：《新公共服务：服务，而不是掌舵》，中国人民大学出版社，2004。
② 胡伟、吴伟主编《中国城市公共服务公众满意度蓝皮书》，上海人民出版社，2013。

对建设服务型政府具有举足轻重的意义①。本章基于国内外有关公共服务公众满意度的测量方法、指标体系和现存的问题，首先阐述了本项目构建出的公共服务公众满意度的测评指标体系；然后，结合本研究的主要结果对各城市公共服务公众满意度情况进行了总体介绍。本书的核心内容是公共服务提供的公众满意度调查，即包括基础教育、公立医院、房价稳定、社会保障、环境保护、社会治安、基础设施、文体设施、公共交通在内的九项公共服务的公众满意度评价；为了更全面地了解公共服务及其评价方法，本文将对包含公共服务提供在内的公共服务公众总体满意度的各维度也进行了介绍，同时对公共服务公众总体满意度的评价指标体系和其主要的研究结果进行了概述。

一 研究背景

公众满意度的测评来源于企业的顾客满意度测评指数（Customer Satisfaction Index，CSI），后者是用于测量顾客对企业提供的产品或服务质量的满意度。20 世纪 80 年代末，瑞典在世界上首次建立了全国统一的顾客满意度指数，欧洲以及美国等多个发达国家纷纷效仿，在 20 世纪 90 年代也建立起了国内统一的顾客满意度指数②。21 世纪以来，瑞典、德国、美国、韩国、马来西亚等国家均在顾客满意度测评指数的基础上开发了运用于评

---

① 刘小康：《当代中国公共服务实践反思：公共服务过程评估的意义》，《上海行政学院学报》2008 年第 6 期。

② 刘武、杨雪：《论政府公共服务的顾客满意度测量》，《东北大学学报哲学社会科学版》2006 年第 2 期。

价政府公共服务满意度的相关测评方法①。

各国用于公共服务满意度的测量和评价模型基本都是基于瑞典的顾客满意度指数的基础上，结合各国的实际情况再进行了一定的调整，而评价内容基本都包括公众的生活满意度（健康、社会福利、就业、公共安全、宜居环境等）、民主决策、政府信息透明度等方面②。以美国的公共服务满意度指数为例，该评价指标体系由公众期望、公众对公共服务质量的感知、公众对价值的感知、公众满意度、公众抱怨和公众信任六方面的内容组成③。美国的公共服务满意度指数已成为联邦政府改进公共服务提供、完善宏观政策制定的重要参考和依据。与各国已具有全国统一和较为完善的公共服务满意度评价指标体系不同，中国虽然也有不少学者开始借鉴瑞典或美国的公共服务满意度指数进行了中国公共服务满意度指数的构建，而且应用构建出的指数对中国各级政府的公共服务满意度进行了测量④，但不同机构开展的公共服务满意度测量结果差异巨大，测量的可靠性和可信度屡遭民众质疑和抨击；究其原因，主要在于公共服务满意度有关数据的获取方法不科学、不专业，以及公共服务满意度评价的主体不客观等。⑤

① 刘武、刘钊、孙宇：《公共服务顾客满意度测评的结构方程模型方法》，《科技与管理》2009 年第 4 期。
② 〔英〕托尼·博韦德、埃克·劳夫勒：《地方治理质量评估：公共服务的个案研究》，肖锋译，《上海行政学院学报》2010 年第 1 期。
③ 〔美〕西奥多·波伊斯特：《公共与非营利组织绩效考评：方法与应用》，中国人民大学出版社，2005。
④ 何华兵：《基本公共服务均等化满意度测评体系的构建与应用》，《中国行政管理》2012 年第 12 期。
⑤ 胡伟、吴伟主编《中国城市公共服务公众满意度蓝皮书》，上海人民出版社，2013。

　　以上是全国性的公共服务公众满意度的测量和评价，对于大城市而言，目前世界范围内权威和公认的大城市公共服务评价和排名主要包括《外交政策》（Foreign Policy）发布的全球城市指数，《经济学人信息部》（Economist Intelligence Unit）、美世（Mercer）的城市生活质量排名等①。上述全球大城市评价指数一般只选择北京和上海等个别城市，而且所有方法也非严格的公共服务公众满意度指数。近年来，国内也有对某一个城市如北京的公共服务满意度调查②，也有对十余个城市③，甚至三十余城市的公共服务满意度的比较与排名调查④，但该类调查的结果具有较大的争议，更难以达成共识。

　　综上所述，欧美等国家已建立了全国统一的公共服务公众满意度指数，且已被作为政府进行改善公共服务和绩效的主要参考。对于中国而言，国内学者虽已借鉴国外的公共服务公众满意度指数进行了各级政府公共服务公众满意度的测量，但仍存在一系列的问题，尚未有统一的公共服务公众满意度指数。建立服务型政府是我国政府改革的必然方向，因而建立起科学和客观的公共服务公众满意度指标体系已是我国服务型政府建设亟待解决的问题。基于上述背景，本研究的目标正是要建立起一套符合我国实际状况的公共服务公众满意度评价指标体系。

---

① 吴伟、于文轩、林挺进、王君：《提升城市公共服务质量打造服务型政府》，《城市观察》2011 年第 1 期。

② 刘娟、黄惠、郝冉：《北京市公共服务满意度指数调查研究》，《首都经济贸易大学学报》2007 年第 5 期。

③ 《中国城市经济》政府公共服务满意度调研组：《全国十五城市公共服务满意度调查》，《中国城市经济》2009 年第 3 期。

④ 侯惠勤、辛向阳、易定宏：《中国城市基本公共服务力评价（2011/2012）》，社会科学文献出版社，2012。

二 公共服务满意度测评指标体系
构建与调查设计

本研究参考国际通行的公共服务公众满意度的指标体系构建方法，结合我国大城市公共服务的特征，在文献评阅的基础上，通过德尔菲法和问卷调查等多种方式，最终确立了包含五个维度的公众对所在城市的公共服务满意度评价指标体系，具体为：公众对公共服务提供的满意度、公众对政府效能的满意度、公众对政府信息公开的满意度、公众对政府允许公众参与的满意度、公众对政府信任的满意度。

公共服务提供满意度是指公众对基础教育、公立医院、房价稳定、社会保障、环境保护、社会治安、基础设施、文体设施、公共交通九项公共服务按照 0～10 分的标准分别进行打分评价。上述九项内容与国内已开展的公众对城市公共服务提供或生活满意度的指标基本一致[①]，也与国外如英国的公众生活满意度评价内容相吻合[②]。公共服务提供满意度，即上述九项公共服务的公众满意度评价是本书的核心内容。

对于其余四个维度的问题均按照"非常不同意、不同意、中立/一般、同意、非常同意"这五种程度进行回答。具体指标见表

[①] 黄环、喻冰清：《基本公共服务满意度综述》，《科教导刊》2012 年第 11 期；侯惠勤、辛向阳、易定宏：《中国城市基本公共服务力评价（2011/2012）》，社会科学文献出版社，2012。

[②] 〔英〕托尼·博韦德、埃克·劳夫勒：《地方治理质量评估：公共服务的个案研究》，肖锋译，《上海行政学院学报》2010 年第 1 期；〔美〕西奥多·波伊斯特：《公共与非营利组织绩效考评：方法与应用》，中国人民大学出版社，2005。

1。政府效能满意度是指公众在获取公共服务过程中对政府工作效率和能力的评价，具体指标和问题包括：您所在城市的政府部门工作人员，服务态度通常很好；您所在城市政府部门工作人员，办事效率通常较高；到政府部门办事，不送礼或没有"关系"通常办不成。信息公开满意度是指在公共政策制定和执行过程中和结果产生后公众对相关信息的可获性的评价，具体指标和问题是：您所在城市政府积极主动利用媒体等渠道向百姓公布政府开支的情况；在所在城市，您可以很方便地获得自己想知道的政府信息。公众参与满意度是指公众对政府在多大程度上允许公众参与和影响公共政策制定和执行的评价，具体问题包括：您所在城市政府在制定公共政策时，经常通过座谈、听证会等方式征求市民意见；您所在城市政府制定的公共政策经常能够反映市民的意见和建议。政府信任满意度是指公众在多大程度上相信政府是为公共利益服务的，具体问题是：您所在城市的政府总是在为老百姓做正确的事；我们老百姓对政府的决策毫无影响力。具体见表1。

表1　公共服务公众满意度测评的指标体系与问卷设计

题号	维　度	问　题
1		您给所在城市的"基础教育"打几分？
2		您给所在城市的"公立医院"打几分？
3		您给所在城市"房价稳定"打几分？
4		您给所在城市的"社会保障"打几分？
5	公共服务提供	您给所在城市的"环境保护"打几分？
6		您给所在城市的"社会治安"打几分？
7		您给所在城市的"基础设施"打几分？
8		您给所在城市的"文体设施"打几分？
9		您给所在城市的"公共交通"服务打几分？

题号	维 度	问　　题
10	公众参与	您所在城市政府在制定公共政策时,经常通过座谈、听证会等方式征求市民意见
11		您所在城市政府制定的公共政策经常能够反映市民的意见和建议
12	信息公开	您所在城市政府积极主动利用媒体等渠道向百姓公布政府开支的情况
13		在所在城市,您可以很方便地获得自己想知道的政府信息
14	政府效能	您所在城市的政府部门工作人员,服务态度通常很好
15		您所在城市政府部门工作人员,办事效率通常较高
16		到政府部门办事,不送礼或没有"关系"通常办不成
17	政府信任	您所在城市的政府总是在为老百姓做正确的事
18		我们老百姓对政府的决策毫无影响力

在上述五个维度中,公共服务满意度虽然包含了9个公共服务方面的测量指标,在分析过程中发现即便采用主成分分析的方法,但前三位主成分仍难以超过60%,不适合主成分分析的加权方法;而由于其余四个维度均为2~3个测量指标,因而各维度采用的加权方法为简单算术平均。对于公共服务的公众满意度而言,虽然其包含了五个维度,但由于其也不符合主成分的加权方法,因而对其加权方法仍然是简单算术平均方法。同时,对于公共服务满意度的打分以原始分值为准;而对于其余四个维度的得分根据国际统一的5分量表转换为11分量表的方法进行了转换,具体为:"非常不同意" = 0,"不同意" = 2.5,"中立/一般" = 5,"同意" = 7.5,"非常同意" = 10。此外,由于,反映政府效能的指标"到政府部门办事,不送礼或没有"关系"通常办不成",以及反映政府信任的指标"我们老百姓对政府的

决策毫无影响力"，这两个指标的回答与其余 5 分量表的回答相反，因此，我们对其进行了倒置处理，即"非常不同意"＝10，"不同意"＝7.5，"中立/一般"＝5，"同意"＝2.5，"非常同意"＝0。

在公共服务公共满意度评价指标体系构建之后，课题组于2012 年 5 月至 8 月间，采用国际先进的计算机辅助电话问卷调查系统（CATI），对除拉萨和乌鲁木齐之外[①]的所有直辖市、省会城市和副省级城市在内的共计 34 个大城市的 18 周岁及以上年龄的居民进行了随机抽样和问卷调查。原则上，每个城市随机抽取的合格居民样本为 700 份左右。公众电话调查最后回收的有效样本量为 23923 份，平均每个城市 704 份问卷。各城市的具体样本数量见表 2。受访市民的人口统计特征为：男性占 53.8%；初中及以下文化程度者占 19.4%；中共党员的比例为 16.1%。受访市民的基本人口学特征的具体情况见表 3。该人口学特征同2010 年第六次全国人口普查的城市相关人口数据基本吻合，这也充分表明本调查具有良好的随机性和样本代表性。

表 2　调查城市与各城市实际样本数量情况

城市名称	样本数量	城市名称	样本数量
北　京	695	南　昌	705
长　春	750	南　京	700
长　沙	703	南　宁	702
成　都	699	宁　波	702
重　庆	701	青　岛	703
大　连	701	上　海	704

① 拉萨和乌鲁木齐由于语言访谈存在一定的困难，未作为本次调查的城市。

续表

城市名称	样本数量	城市名称	样本数量
福 州	700	深 圳	716
广 州	707	沈 阳	700
贵 阳	702	石 家 庄	700
哈 尔 滨	705	太 原	703
海 口	704	天 津	704
杭 州	701	武 汉	700
合 肥	700	西 安	702
呼 和 浩 特	703	西 宁	698
济 南	705	厦 门	700
昆 明	702	银 川	703
兰 州	703	郑 州	700

表3 受访市民的基本人口学特征构成情况

变量	数量	比例（%）
年龄		
18～29岁	11409	47.7
30～39岁	6493	27.1
40～49岁	3518	14.7
50～59岁	1561	6.5
≥60岁	843	3.5
缺失值	99	0.4
性别		
男	12876	53.8
女	11047	46.2
文化程度		
小学及以下	865	3.6
初中	3768	15.8
高中及相关学历	6592	27.6
大专	5489	22.9
大学本科	6389	26.7
研究生	820	3.4

续表

变　　量	数　　量	比例(%)
年收入(元)		
无固定收入	4647	19.4
少于 2 万	4451	18.6
20000～39999	6530	27.3
40000～59999	3505	14.7
60000～99999	2098	8.8
100000～149999	1088	4.5
150000～199999	251	1.0
200000～299999	205	0.9
300000～499999	129	0.5
50 万元及以上	109	0.5
拒答	910	3.8
政治面貌		
中共党员	3846	16.1
非中共党员	20077	83.9

三　小结

　　本部分内容为该调查的技术报告，主要对公共服务提供满意度以及公共服务公众的总体满意度的评价指标体系进行了介绍，同时对本调查的抽样方法和受访市民的基本情况进行了展示。上文已述，本书的主旨和核心内容是介绍公共服务提供的公众满意度，即各城市的基础教育、公立医院、房价稳定、社会保障、环境保护、社会治安、基础设施、文体设施、公共交通九项公共服务的公众满意度调查结果。但本书为了更深入和全面地了解我国各城市公共服务公众满意度的评价、排名和得分情况，本章对公共服务的公众总体满意度，即除了公共服务提供的满意度之外，对公众参与、信息公开、政府信任和政府效能这四个维度的公众满意度的评价指标也进行了展示。

通过上文的介绍，我们认为统一和公认的大城市公共服务公众满意度评价指标体系的建立是实现公共服务公众总体满意度提高和建设服务型政府的必然要求与必要条件。据前文所述，欧美等国家均已建立了全国统一的公共服务公众满意度评价指标体系，且已均被政府作为改善公共服务和政府绩效的重要参考。对于中国而言，虽已有不同机构开始发布公共服务满意度指数，但其数据的获得均欠缺科学性。本研究所构建的公共服务公众满意度评价指标体系充分借鉴了欧美国家，尤其是瑞典和美国的公共服务公众满意度指标体系，通过对国内大城市居民的问卷调查和多轮德尔菲法的专家评估，构建出了大城市公共服务公众满意度的指标体系。对于数据的收集，本文采用了国际上通用的 CATI 数据抽样和采集方法，对绝大多数大城市均进行了大样本（每个城市 700 份样本）的居民随机调查。因此，本研究认为该公共服务公众满意度评价指标体系和数据获得均是科学的，对大城市公共服务满意度的评价结果也应是正确的。任何一套指标体系要达到全国统一和公认的标准，都不可避免地需要经过一个宣传、讨论、修正和完善的过程。与此同时，本文的指标体系主要是从宏观层面上对公共服务公众满意度进行的评价，各维度的具体指标体系可能还有待于进一步修改和完善。无论本文所构建的公共服务公众满意度指标体系的最终结局如何，中国要进行服务型政府的建设，全国统一和公认的公共服务公众满意度评价指标体系是必不可少的基本条件。

总　报　告

General Report

B.2
调查主要结果概述

　　本书中涉及的所有调查数据均使用 SPSS17.0 统计软件进行了分析。本报告首先对公共服务提供满意度的情况进行了具体介绍；其次，对公共服务公众的总体满意度以及各维度满意度的情况进行概述。

一　公共服务提供的公众满意度情况

　　由图 1 和表 1 和表 2 可知，公共服务提供的公众满意度排名的前十位城市依次是：厦门、成都、上海、北京、杭州、青岛、郑州、昆明、西宁和宁波。其中，排名第一的厦门市的得分达到了 8.22 分，排名第十的宁波市达到了 7.25 分，而即便排名倒数第一的兰州市也达到了 6.00 的及格分。因此，从总体上来看，34 个城市的公共服务提供的公众满意度得分虽有较大差距，但至少都达到了及格分。由上文可知，公共服务提供满意度是指公众对基础教育、公立医院、房价稳定、社会保障、环境保护、社会治安、基础设施、文体设施、公共交通的具体评价得分加权而得出的，而上述九项内容的公共服务提供也正是当前各大城市政府的核心工作和职责；从本文的分析结果来看，公众对大城市公共服务的提供状况已相对较为满意。

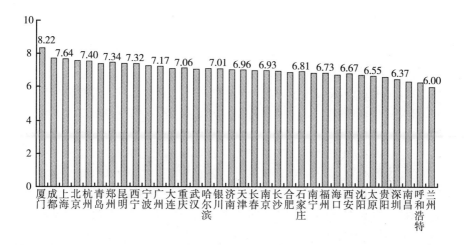

图 1　2012 年中国公共服务提供满意度情况

表 1　公共服务提供的公众满意度排名与得分情况

名次	总体排名		基础教育		公立医院		房价稳定		社会保障	
	城市	分数	城市	分数	城市	分数	城市	分数	城市	分数
1	厦　门	8.22	厦　门	8.47	厦　门	7.49	成　都	6.66	厦　门	8.38
2	成　都	7.72	成　都	7.84	成　都	7.09	厦　门	6.65	成　都	7.78
3	上　海	7.64	郑　州	7.74	北　京	7.02	昆　明	6.51	杭　州	7.71
4	北　京	7.57	上　海	7.68	郑　州	6.92	青　岛	6.40	青　岛	7.67
5	杭　州	7.40	北　京	7.62	上　海	6.90	长　春	6.40	北　京	7.64

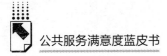

续表

名次	总体排名 城市	分数	基础教育 城市	分数	公立医院 城市	分数	房价稳定 城市	分数	社会保障 城市	分数
6	青 岛	7.34	武 汉	7.59	青 岛	6.84	合 肥	6.40	宁 波	7.63
7	郑 州	7.34	青 岛	7.57	杭 州	6.75	西 宁	6.37	上 海	7.63
8	昆 明	7.33	西 宁	7.56	武 汉	6.74	石 家 庄	6.33	西 宁	7.50
9	西 宁	7.32	杭 州	7.52	宁 波	6.72	长 沙	6.33	昆 明	7.50
10	宁 波	7.25	宁 波	7.47	广 州	6.69	宁 波	6.29	郑 州	7.38
11	广 州	7.17	昆 明	7.45	昆 明	6.67	郑 州	6.28	长 春	7.31
12	大 连	7.11	哈 尔 滨	7.39	西 宁	6.65	济 南	6.28	重 庆	7.28
13	重 庆	7.06	广 州	7.34	长 沙	6.46	天 津	6.25	银 川	7.27
14	武 汉	7.05	长 沙	7.27	南 宁	6.45	上 海	6.23	广 州	7.26
15	哈 尔 滨	7.04	济 南	7.26	海 口	6.44	贵 阳	6.23	武 汉	7.20
16	银 川	7.01	大 连	7.23	天 津	6.43	武 汉	6.22	天 津	7.19
17	济 南	6.99	天 津	7.21	济 南	6.42	重 庆	6.22	大 连	7.17
18	天 津	6.96	南 京	7.19	哈 尔 滨	6.41	哈 尔 滨	6.18	福 州	7.16
19	长 春	6.95	南 宁	7.16	重 庆	6.40	沈 阳	6.13	长 沙	7.15
20	南 京	6.93	合 肥	7.11	石 家 庄	6.37	南 宁	6.13	合 肥	7.11
21	长 沙	6.90	银 川	7.10	银 川	6.31	银 川	6.08	石 家 庄	7.08
22	合 肥	6.81	福 州	7.09	南 京	6.31	广 州	6.07	南 京	7.06
23	石 家 庄	6.81	长 春	7.08	大 连	6.30	呼 和 浩 特	6.06	济 南	7.03
24	南 宁	6.77	石 家 庄	7.05	长 春	6.25	北 京	6.02	海 口	7.02
25	福 州	6.73	重 庆	7.04	贵 阳	6.21	杭 州	6.01	哈 尔 滨	6.98
26	海 口	6.70	贵 阳	6.93	西 安	6.19	海 口	5.98	沈 阳	6.97
27	西 安	6.67	西 安	6.88	合 肥	6.14	大 连	5.96	贵 阳	6.94
28	沈 阳	6.67	海 口	6.87	福 州	6.13	西 安	5.91	太 原	6.93
29	太 原	6.55	沈 阳	6.83	呼 和 浩 特	6.03	太 原	5.91	南 宁	6.91
30	贵 阳	6.53	太 原	6.80	太 原	6.02	福 州	5.82	呼 和 浩 特	6.83
31	深 圳	6.37	兰 州	6.66	沈 阳	6.01	南 京	5.82	西 安	6.81
32	南 昌	6.31	南 昌	6.65	南 昌	6.00	南 昌	5.70	南 昌	6.73
33	呼 和 浩 特	6.26	呼 和 浩 特	6.63	兰 州	5.95	兰 州	5.41	兰 州	6.51
34	兰 州	6.00	深 圳	6.56	深 圳	5.39	深 圳	5.15	深 圳	6.35

注：本表所有得分数据仅保留了两位小数；如分数相同，则依然按照三位或四位小数为大者在前，本文未设"并列"排名。

表2　公共服务提供的公众满意度排名与得分情况（续）

名次	环境保护		社会治安		基础设施		文体设施		公共交通	
	城市	分数	城市	分数	城市	分数	城市	分数	城市	分数
1	厦　门	8.69	厦　门	8.46	厦　门	8.70	厦　门	8.48	厦　门	8.43
2	杭　州	8.00	上　海	8.18	上　海	8.39	北　京	8.18	上　海	7.99
3	成　都	7.95	北　京	8.10	北　京	8.14	上　海	7.99	北　京	7.93
4	西　宁	7.85	成　都	7.89	成　都	8.05	成　都	7.98	成　都	7.85
5	大　连	7.73	杭　州	7.83	郑　州	7.69	杭　州	7.89	广　州	7.68
6	昆　明	7.64	郑　州	7.70	广　州	7.68	郑　州	7.80	青　岛	7.68
7	上　海	7.53	济　南	7.66	昆　明	7.59	武　汉	7.76	西　宁	7.53
8	青　岛	7.53	大　连	7.52	哈尔滨	7.57	大　连	7.74	郑　州	7.50
9	银　川	7.50	长　春	7.50	武　汉	7.56	广　州	7.71	济　南	7.39
10	南　宁	7.48	南　京	7.46	青　岛	7.52	宁　波	7.61	南　京	7.38
11	宁　波	7.37	重　庆	7.45	杭　州	7.48	昆　明	7.58	宁　波	7.37
12	北　京	7.25	青　岛	7.40	宁　波	7.48	青　岛	7.50	杭　州	7.36
13	重　庆	7.22	哈尔滨	7.40	西　宁	7.47	南　京	7.46	重　庆	7.34
14	长　春	7.14	宁　波	7.36	重　庆	7.47	银　川	7.44	石家庄	7.33
15	广　州	7.09	昆　明	7.33	天　津	7.34	天　津	7.40	昆　明	7.31
16	贵　阳	7.06	西　宁	7.25	银　川	7.34	长　沙	7.39	大　连	7.23
17	海　口	6.99	武　汉	7.09	合　肥	7.24	西　安	7.36	天　津	7.22
18	长　沙	6.91	天　津	7.07	南　京	7.22	福　州	7.31	哈尔滨	7.15
19	郑　州	6.85	沈　阳	7.05	大　连	7.21	长　春	7.27	银　川	7.14
20	哈尔滨	6.79	银　川	7.04	济　南	7.14	西　宁	7.27	长　春	7.14
21	合　肥	6.78	广　州	7.02	长　沙	7.14	济　南	7.24	深　圳	7.14
22	天　津	6.74	合　肥	6.94	福　州	7.08	南　宁	7.23	沈　阳	6.94
23	深　圳	6.69	长　沙	6.79	西　安	7.04	石家庄	7.23	西　安	6.89
24	西　安	6.65	福　州	6.75	石家庄	7.02	哈尔滨	7.15	太　原	6.86
25	济　南	6.64	石家庄	6.57	深　圳	6.92	重　庆	7.12	海　口	6.82

续表

名次	环境保护		社会治安		基础设施		文体设施		公共交通	
	城市	分数	城市	分数	城市	分数	城市	分数	城市	分数
26	福 州	6.63	太 原	6.51	南 宁	6.83	海 口	7.09	长 沙	6.81
27	南 京	6.52	海 口	6.39	海 口	6.79	合 肥	7.09	福 州	6.80
28	武 汉	6.48	西 安	6.38	太 原	6.75	沈 阳	7.08	武 汉	6.73
29	石 家 庄	6.46	南 宁	6.34	沈 阳	6.75	太 原	7.02	合 肥	6.62
30	沈 阳	6.40	深 圳	6.28	贵 阳	6.73	呼和浩特	6.99	南 宁	6.54
31	太 原	6.36	南 昌	6.09	长 春	6.67	深 圳	6.91	南 昌	6.35
32	南 昌	6.14	兰 州	6.06	南 昌	6.49	贵 阳	6.88	呼和浩特	6.32
33	呼和浩特	6.03	呼和浩特	5.90	兰 州	5.96	南 昌	6.68	贵 阳	6.23
34	兰 州	5.55	贵 阳	5.77	呼和浩特	5.87	兰 州	6.39	兰 州	5.78

注：本表所有得分数据仅保留了两位小数；如分数相同，则依然按照三位或四位小数为大者在前，本文未设"并列"排名。

通过图2到图10以及表1和表2的分析结果可知，对于具体的公共服务提供的上述九项内容的评价中，虽各城市的评价得分与公共服务提供的满意度基本吻合。相对于其他公共服务公众满意度的维度而言，各城市的公共服务提供公众满意度已达到较高水平，但城市之间的差距依然较为明显，如厦门市在除房价稳定的满意度列34个城市的第二位外，其余八项指标的排名均为第一位，可谓遥遥领先于其他城市；而兰州和深圳几乎在各项公共服务的排名中都为末尾。此外，在这九项公共服务中，公众对政府稳定房价和公立医院的打分相对于其他公共服务而言要低。对于公共服务提供的各领域及各城市的公众满意度情况，本书在后续章节将更详细介绍公共服务提供的满意度情况，在此不再详细展开。

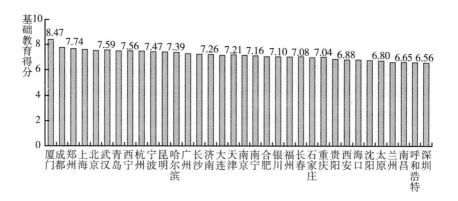

图2 公众对基础教育的满意度情况

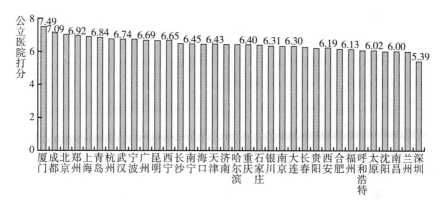

图3 公众对公立医院的满意度情况

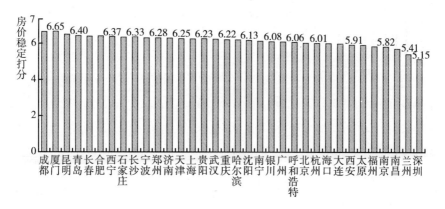

图4 公众对房价稳定的满意度情况

公共服务满意度蓝皮书

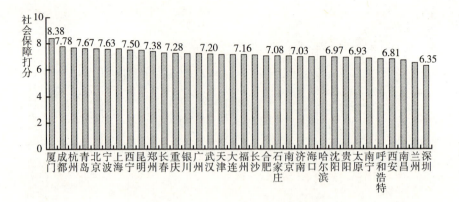

图 5　公众对社会保障的满意度情况

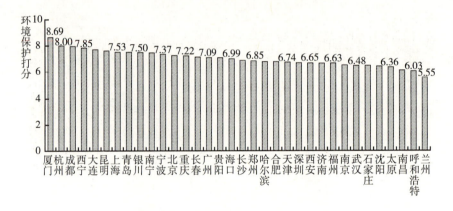

图 6　公众对环境保护的满意度情况

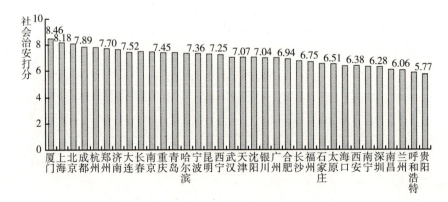

图 7　公众对社会治安的满意度情况

018

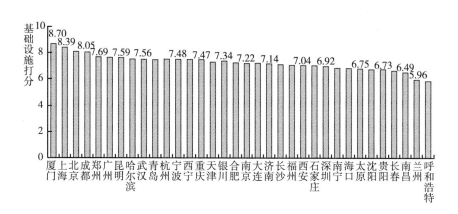

图8　公众对基础设施的满意度情况

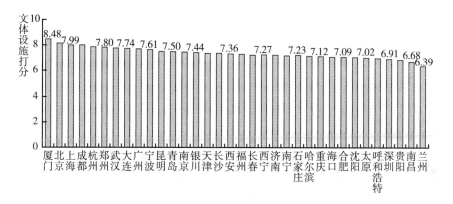

图9　公众对文体设施的满意度情况

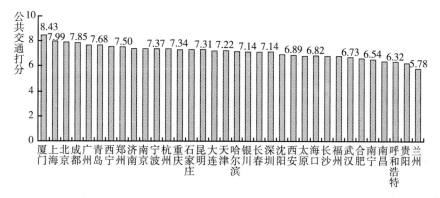

图10　公众对公共交通的满意度情况

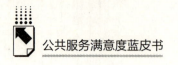

二　公共服务公众满意度总体情况介绍

上文已述，本书的重点是介绍公共服务提供的九个领域的公众满意度情况，对于公共服务公众总体满意度的公众参与、信息公开、政府信任和政府效能这四个维度的公众满意度情况，本书不做深入探讨。但只有了解了各城市的公共服务公众总体满意度的评价情况，才有可能更清晰和客观地了解公共服务提供及其九个领域的问题、优劣，以及解决问题的办法。因此，本章将公共服务公众满意度的总体情况进行如下概述，以期为了解和理解本书后续章节对有关公共服务提供公众满意度提供基础和参考。

1. 公共服务公众总体满意度情况。厦门的公共服务公众总体满意度得分为6.26分，在全国34个大城市中排名第一位。公众总体满意度排名前十的城市依次为：厦门、青岛、杭州、宁波、重庆、长春、成都、济南、海口和银川。该排名同前文所述的公共服务提供满意度城市排名相比较有较大的不同，尤其是上海和北京在这两个排名中的位置。由于公共服务公众满意度的总得分为10分，按照惯用的6分及格标准，我国所有34所大城市的公共服务公众满意度达到及格及以上的城市为6个，即为前述的六个城市。具体结果见图11和表3。这充分表明了我国大城市公共服务公众满意度提高的任务紧迫性，同时也表明大城市的服务型政府建设任重而道远。此外，该得分还透露出了另一个问题，那就是我国传统意义上的"北上广深"四大一线城市无一能入围全国大城市公共服务公众满意度前十位；排名最高的一线城市为上海，为第15位，北京为第22位，广州第29位，而深

圳为倒数第一位。传统四大一线城市的公共服务公众总体满意度
排名集体陷入尴尬的境地。与此同时，全国非省会城市的副省级
城市共有五个，除上述四大一线城市之一的深圳外，其余四个副
省级城市即厦门、青岛、宁波和大连，均得到了较高的排名；排
名前五位的大城市中，非省会的副省级城市占了三位。由上述可
知，均位于东南沿海的四所非省会的副省级城市的公共服务公众
总体满意度相较于其他大城市而言具有较明显的优势。上述结果
也为我国大城市公共服务公众满意度提高与服务型政府建设提供
了重要的信息和参考。

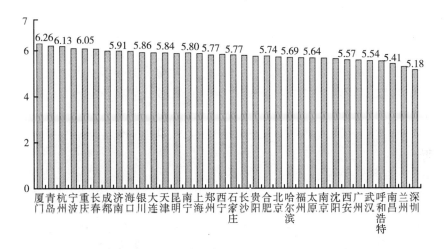

图 11 公共服务公众总体满意度情况

表 3 2012 年中国公共服务公众满意度的城市排名与得分

名次	总体排名		公共服务		公众参与	
	城市	分数	城市	分数	城市	分数
1	厦　门	6.26	厦　门	8.22	杭　州	6.40
2	青　岛	6.17	成　都	7.72	重　庆	6.17
3	杭　州	6.13	上　海	7.64	青　岛	6.15
4	宁　波	6.05	北　京	7.57	宁　波	6.15

续表

名次	总体排名		公共服务		公众参与	
	城市	分数	城市	分数	城市	分数
5	重 庆	6.05	杭 州	7.40	厦 门	6.12
6	长 春	6.03	青 岛	7.34	海 口	6.10
7	成 都	5.96	郑 州	7.34	长 春	6.09
8	济 南	5.91	昆 明	7.33	济 南	6.04
9	海 口	5.90	西 宁	7.32	贵 阳	5.98
10	银 川	5.86	宁 波	7.25	昆 明	5.94
11	大 连	5.85	广 州	7.17	大 连	5.91
12	天 津	5.84	大 连	7.11	南 宁	5.89
13	昆 明	5.83	重 庆	7.06	银 川	5.88
14	南 宁	5.80	武 汉	7.05	天 津	5.83
15	上 海	5.79	哈 尔 滨	7.04	合 肥	5.82
16	郑 州	5.77	银 川	7.01	成 都	5.80
17	西 宁	5.77	济 南	6.99	长 沙	5.79
18	石 家 庄	5.77	天 津	6.96	哈 尔 滨	5.77
19	长 沙	5.75	长 春	6.95	太 原	5.76
20	贵 阳	5.75	南 京	6.93	郑 州	5.74
21	合 肥	5.74	长 沙	6.90	福 州	5.70
22	北 京	5.69	合 肥	6.81	上 海	5.69
23	哈 尔 滨	5.69	石 家 庄	6.81	西 宁	5.68
24	福 州	5.69	南 宁	6.77	石 家 庄	5.68
25	太 原	5.64	福 州	6.73	南 京	5.66
26	南 京	5.64	海 口	6.70	西 安	5.64
27	沈 阳	5.60	西 安	6.67	沈 阳	5.61
28	西 安	5.57	沈 阳	6.67	广 州	5.55
29	广 州	5.56	太 原	6.55	武 汉	5.52
30	武 汉	5.54	贵 阳	6.53	北 京	5.49
31	呼和浩特	5.49	深 圳	6.37	呼和浩特	5.48
32	南 昌	5.41	南 昌	6.31	南 昌	5.46
33	兰 州	5.29	呼和浩特	6.26	兰 州	5.23
34	深 圳	5.18	兰 州	6.00	深 圳	5.06

注：本表所有得分数据仅保留了两位小数；如分数相同，则依然按照三位或四位小数为大者在前，本文未设"并列"排名。

2. 公众参与和信息公开的满意度情况。对于公众参与满意度和信息公开满意度而言，公众参与满意度略高于信息公开满意度；但总体上，二者的得分介于公共服务提供满意度和其余两个维度之间。公众参与满意度排名最高的城市为杭州，得分为6.40，达到及格分数及以上的城市有8个，即公众参与满意度在全国各大城市中基本能达到及格水平。对于信息公开满意度而言，排名第一的城市是青岛，得分为6.21，超过6分的城市总共有3个，包括重庆和长春。具体结果见图12、图13和表3。由上述可知，全国各大城市的政府信息公开公众满意度基本为不及格的水平。近年来，公众对政府信息公开的呼声越来越高，尤其是对政府"三公经费"的公开更是具有强烈的要求。与之相应地，中央各部委、各大城市有关部门已陆续开始公开部门预算、"三公经费"等明细信息，但当前部门预算数据公开的可信度依然遭受大众的强烈质疑，这也与本文有关公众对政府信息公开满意度不高的结论相吻合。相对于政府所提供的公共教育、医疗卫生等"硬性"公共服务而言，公众参与和信息公开更是衡量政府民主程度的重要标志，也是建设服务型政府的核心所在。因而，公众参与和信息公开必然是我国大城市服务型建设未来的核心内容和亟待提高的薄弱环节。

3. 政府信任满意度情况。公众对政府信任的满意度排名第一的是青岛市，得分为6.01分，而其余33个城市的公众对政府信任满意度都是不及格的，而且公众对政府信任的满意度要低于公共服务公众总体满意度的平均水平。具体结果见图14和表4。政府信任度是世界各国普遍关注的一项民意测验指标。盖勒普（Gallop）、爱德曼（Edelman）等均是专业的政府信任调研机构，

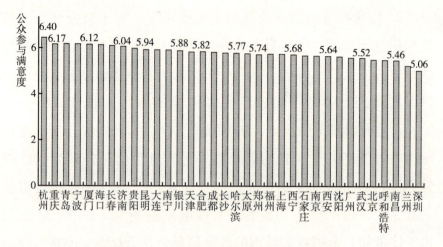

图12 公共服务公众参与满意度情况

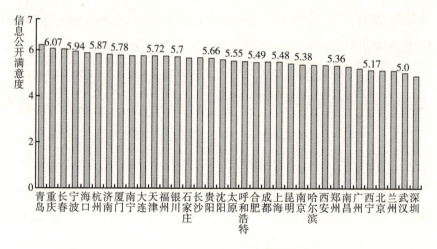

图13 公共服务信息公开满意度情况

每年都发布全球各国的政府信任指数。上述专业调研机构均指出世界各国尤其是欧美国家的政府信任度一般都维持在较低水平[②]，如盖勒普的数据显示：美国1993～2012年的政府信任度为19%～37%；而且各国的政府信任度基本呈历年下降趋势[③]。由上述可知，公众对政府信任度不高是一个世界性难题。

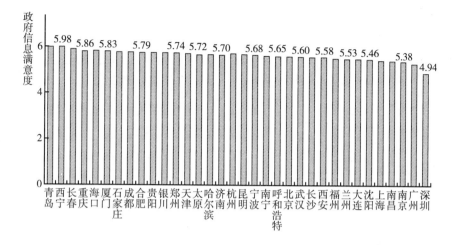

图14 公共服务政府信任满意度情况

表4 2012年中国公共服务公众满意度的城市排名与得分（续）

名次	信息公开		政府效能		政府信任	
	城市	分数	城市	分数	城市	分数
1	青岛	6.21	厦门	5.33	青岛	6.01
2	重庆	6.07	宁波	5.28	西宁	5.98
3	长春	6.04	杭州	5.28	长春	5.94
4	宁波	5.94	青岛	5.16	重庆	5.86
5	海口	5.90	长春	5.13	海口	5.83
6	杭州	5.87	重庆	5.11	厦门	5.83
7	济南	5.84	大连	5.01	石家庄	5.80
8	厦门	5.78	济南	5.00	成都	5.79
9	南宁	5.76	海口	4.99	合肥	5.79
10	大连	5.72	天津	4.96	贵阳	5.78
11	天津	5.72	银川	4.94	银川	5.74
12	福州	5.70	南宁	4.93	郑州	5.74
13	银川	5.70	成都	4.93	天津	5.73
14	石家庄	5.68	石家庄	4.86	太原	5.72
15	长沙	5.66	南京	4.84	哈尔滨	5.70

续表

名次	信息公开		政府效能		政府信任	
	城市	分数	城市	分数	城市	分数
16	贵 阳	5.66	长 沙	4.81	济 南	5.70
17	沈 阳	5.61	贵 阳	4.79	杭 州	5.69
18	太 原	5.55	合 肥	4.79	昆 明	5.69
19	呼和浩特	5.52	福 州	4.77	宁 波	5.68
20	合 肥	5.49	昆 明	4.73	南 宁	5.66
21	成 都	5.48	沈 阳	4.67	呼和浩特	5.65
22	上 海	5.48	北 京	4.66	北 京	5.61
23	昆 明	5.45	上 海	4.64	武 汉	5.60
24	南 京	5.38	西 宁	4.63	长 沙	5.59
25	哈 尔 滨	5.37	太 原	4.63	西 安	5.58
26	西 安	5.36	郑 州	4.62	福 州	5.55
27	郑 州	5.36	西 安	4.61	兰 州	5.53
28	南 昌	5.31	深 圳	4.58	大 连	5.51
29	广 州	5.19	兰 州	4.57	沈 阳	5.46
30	西 宁	5.17	呼和浩特	4.56	上 海	5.46
31	北 京	5.11	广 州	4.54	南 昌	5.46
32	兰 州	5.11	哈 尔 滨	4.52	南 京	5.38
33	武 汉	5.00	南 昌	4.51	广 州	5.29
34	深 圳	4.92	武 汉	4.41	深 圳	4.94

注：本表所有得分数据仅保留了两位小数；如分数相同，则依然按照三位或四位小数为大者在前，本文未设"并列"排名。

4. 公众对政府效能的满意度情况。上文已述，公众对政府效能满意的衡量指标主要包括的是对政府工作人员的服务态度和工作效率的满意度。该维度在公共服务公众总体满意度的五个维度中是得分最低的。各大城市中，以厦门得分最高，为5.33分，即所有城市的政府效能公众满意度均未达到及格分。具体结果见图15和表4。公立医院、房价稳定、公共交通等公共服务的改善可能需要城市政府动辄上亿元的充足经费保障；公众参与和信息公开等工作可能在一定程度上受制于政治体制的改革；而对于政府信任的提高，更是一项世界难题。相对于上述四个维度而言，政府效能的改善主要在于工作态度、效率和公正廉洁方面，理论上讲应不存在较大的困难。然而，正是原本看似相对容易和简单的政府效能在各维度中公众满意度最低。实则，政府工作人员服务态度差、效率低，甚至贪污腐败问题也正是影响公众对公共服务满意的最大障碍，而其本身又是传统官僚体制的最大弊端。

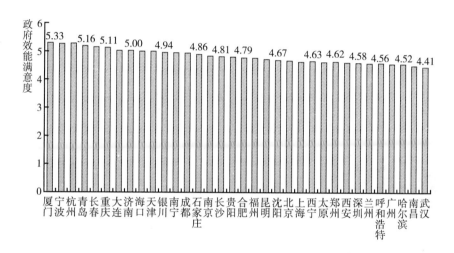

图15 公共服务政府效能满意度情况

三 小结

1. 从总体来看，全国各大城市的公共服务提供的公众满意度已达到了较为满意的水平，但各城市、各领域之间依然有较大差别。上文已述，34个城市的公共服务提供的满意度均达到了6

分的及格分,这也与近年来我国各城市政府均将改善民生、重视基础设施等投入有密不可分的关系。与此同时,各城市之间的差距依然巨大,公共服务提供排名第一的厦门市在9个公共服务领域内,其中8项公共服务均排名第一位,其余一项排名第二位;而作为全国四大一线城市之一的深圳市,其在公共服务提供的公众满意度各城市的排名为第31位,深圳在房价稳定、公立医院、社会保障和基础教育这四项公共服务的公众满意度的各城市排名都为倒数第一位。此外,对于排名第三和第四位的上海和北京市,虽然在大部分领域的得分和排名比较理想,但在某些公共服务如房价稳定方面的得分和排名却也较差。对于这些不同城市、不同领域的公共服务提供的公众满意度及其问题,是本书研究的重点和核心内容,本书的目的也就是发现各城市在公共服务不同领域的公众满意度中所存在的问题,为进一步改善各城市的公共服务提供的公众满意度提供政策参考和建议。而对于这些内容,在本书的后续内容也将重点介绍。

2. 提高公共服务的公众总体满意度不可能完全依赖于公众对公共服务提供的满意度。虽然本书的主旨是介绍公共服务提供的公众满意度情况,但秉持客观和科学性的原则,本书也清晰地提到公共服务提供的公众满意度仅是公共服务公众总体满意度的五个维度之一。如要真正实现公众对公共服务的总体满意,除了本书介绍的公共服务的九项公共服务提供满意度不断提高之外,尚需公共服务的其余四个维度的满意度的同步不断提高。改革开放以来,随着经济实力的不断增强,各大城市政府普遍将发展基础教育、公立医院、社会保障和公共交通等公共服务作为市政府的主要职能;与此同时,在国家层面上也将上述各类公共服务作为民生建设的核心内容，要求各级政府必须予以落实。此外，在国家层面上还规定了一系列标准，如教育的财政投入需占全国GDP 的 4%；城市公立医院和社会卫生机构改革，各级政府均需足额进行投入等。然而对于大城市居民而言，随着经济水平的不断提高，其对于政府的要求已不再局限于公共服务的提供。正所谓仓廪实而知荣辱，公众对于政府的期望必然由单纯公共服务提供改善转变为多维度提高的要求，这也完全符合人类的需求层次理论。上文研究结果提示，公众对大城市的公共服务提供已达到了较为满意的水平，但公共服务公众总体满意度最高的城市也未达到及格分数，其真正原因就在于公众对除公共服务提供满意度之外的其余四个维度的满意度都不高而导致的，而公众对政府效能的满意度更是最低。对于"北上广深"，中国最为发达的一线城市而言，即便居民对公共服务提供的满意度达到了较高的水平，但依然出现了"北上广深"无一能进入公共服务公众总体满意度前十名的局面。因此，大城市公共服务公众总体满意度的提高除了公共服务提供满意度的提高之外，必然需要政府将公众参与、信息公开、政府效能、政府信任这四项"软性"建设的改善也作为未来服务型政府建设的核心内容。

𝔹.3
公共服务提供的公众满意度的
各城市比较

上文已对公共服务公众的总体满意度情况进行了概述，对包括公共服务提供、公众参与、信息公开、政府效能和政府信任五个维度的公共服务公众满意度均进行了分析。本文将着重对公共服务提供的公众满意度进行城市间的比较，以在前文对公共服务提供九个方面内容概述的基础上对其进行更为深入地挖掘，以了解和发现各城市在这九个领域的公众满意度的具体情况，以为各城市进一步完善基本公共服务的提供政策参考和建议。

本文将首先根据公共服务提供的总体满意度由高到低将34个城市进行分层；然后，通过雷达图和公共服务各领域在各城市的排名情况发现各城市在具体公共服务各项内容上的满意度情况。此外，本文所用的所有数据，包括相应的雷达图，所有数据均来源于表1和表2，下文不做赘述。

一 公共服务提供满意度的城市分层

通过对34个城市的公共服务提供满意度的原始数据进行分析，公共服务提供的公众满意度的平均值（ $\bar{x}$ ）为6.98，标准差（s）为 0.45，最大值为 8.22，最小值为 6.00。本文以公众满意度的平均值为基点，根据标准差的距离，将所有 34 个城市划分为 A、A⁻、B⁺、B、B⁻五类城市。这五类城市的分布，分别为 A 类 1 个，A⁻类 3 个，B⁺和 B 类各 13 个，以及 B⁻4 个。从其分布来看，原始资料符合正态分布，而且使用 $\bar{x}+s$ 的方法进行城市的分层也是合理的。

A 类城市：公共服务提供的总体满意度的得分超过平均值与两个标准差的和（$x \geqslant \bar{x}+2s$），即要超过 7.88 分。厦门以得分为 8.22 为唯一的 A 类城市入围者。

A⁻类城市：公共服务提供的总体满意度的得分为高于一个标准差和低于两个标准差（$\bar{x}+s \leqslant x < \bar{x}+2s$），即得分在 7.43～7.87 者。成都（7.72）、上海（7.64）和北京（7.57）为入围 A⁻类的三个城市。

B⁺类城市：公共服务提供的总体满意度的得分在一个正的标准差之内（$\bar{x} \leqslant x < \bar{x}+s$），即得分在 6.98～7.43。该类城市包括了杭州、青岛、郑州、昆明、西宁、宁波、广州、大连、重庆、武汉、哈尔滨、银川和济南 13 个城市。

B 类城市：公共服务提供的总体满意度的得分在一个负的标准差之内（$\bar{x}-s \leqslant x < \bar{x}$），即得分在 6.53～6.98。该类城市包括了天津、长春、南京、长沙、合肥、石家庄、南宁、福州、海口、西安、沈阳、太原和贵阳 13 个城市。

B⁻类城市：公共服务提供的总体满意度的得分在一个负的标准差以下者（$x < \bar{x}-s$），即得分小于 6.53。该类城市包括了深圳、南昌、呼和浩特和兰州四个城市。

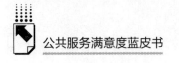
二 各城市公共服务提供满意度的比较

1. A 类城市

由图 1 可知，厦门市作为唯一的 A 类城市，其在公共服务提供的九个方面基本处于最高且均衡的水平。除公立医院和房价稳定两个方面之外，其余均超过 8.3 分。当然，34 个城市在公立医院和房价稳定两个方面的公众满意度均处于最低水平，厦门市的公立医院公众满意度虽为 7.49 分，但已是 34 个城市的最高值；厦门市的房价稳定公众满意度为 6.65 分，仅低于排名最高的成都市（6.66 分），位列第二位。此外，在所有 9 个公共服务提供方面，厦门市除上述的房价稳定的公众满意度排名第二外，其余 8 个方面均排名第一位。因此，厦门市作为唯一的 A 类城市可谓实至名归和毫无争议。

2. A⁻类城市

上文已述，成都、上海和北京是继厦门之后的公共服务提供公众总体满意度排名第二到第四位的城市，也是入围 A⁻类的三个城市。

由图 2 可知，成都市作为公共服务提供的公众满意度排名第二的城市，其在公共服务提供的九个方面的得分也均处于最高水平之一的位置。成都市在房价稳定公众满意度方面的得分为 6.66 分，在各城市之首；在基础教育、公立医院和社会保障三个领域的公众满意度都为各城市的第二位。此外，成都市的公共服务提供的公众满意度最低的领域也为各城市的第四位，分别为：社会治安、基础设施、文体设施和公共交通。成都市的公共

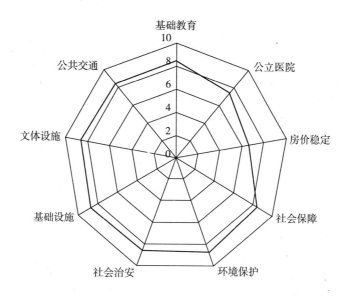

图1 厦门市公共服务提供各领域的公众满意度得分雷达图

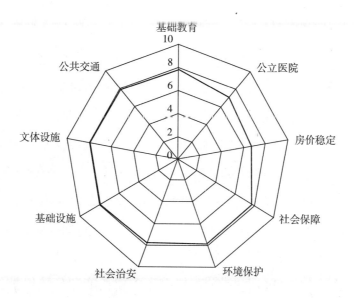

图2 成都市公共服务提供各领域的公众满意度得分雷达图

服务公众满意度在各领域得分最高的为基础设施满意度（8.05分），其余各领域得分均未超过 8 分，最低得分是房价稳定满意度（6.66 分）。同厦门市相比较，成都市的各领域满意度的数值更为均衡，这在雷达图上显现得也非常明显。成都市之所以能在各城市的公共服务公众满意度中排名第二的最主要原因也在于各项公共服务领域的得分都较高且较为均衡。

由图 3 可知，上海市与前述的厦门和成都市相比在公共服务各领域的公众满意度方面存在较大区别。首先，上海在社会治安、基础设施和公共交通三个领域的公众满意度都达到了各城市的第二位，仅次于厦门，分别为：8.18、8.39 和 7.99 分；其次，上海在基础教育、公立医院、社会保障、环境保护、文体设施方面也达到了较高水平；上海在各领域得分最低的是房价稳定的公众满意度，该得分为 6.23 分，在各城市中排名第 14 位。由图 2 和图 3 的比较可知，上海在各领域的公众满意度均衡方面要落后于同位于 A⁻类城市的成都。由上述可知，虽然房价稳定的公众满意度在各城市都为较低水平，但对于上海而言，如要进一步提高公共服务的公众满意度，提高房价稳定的公众满意度更是当务之急。

通过图 3 和图 4 的比较可知，北京市的公共服务各领域的公众满意度与上海市具有较大的一致性。首先，北京在公立医院、社会治安、基础设施、文体设施和公共交通五个领域的公众满意度都达到了各城市的前三位；其次，北京在基础教育和社会保障两个领域也都达到了各城市的第五名；相比较于其他城市，北京在各领域得分最低的是房价稳定的公众满意度和环境保护的满意度，二者分别为 6.02 分和 7.25 分，在各城市中排名分别为第 24 位和第 12 位。由上述可知，北京市的房价稳定公众满意度相比

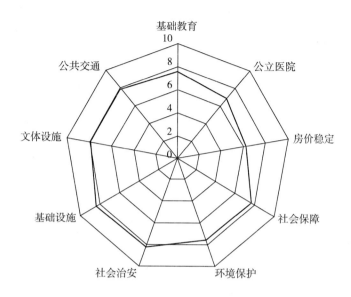

图3 上海市公共服务提供各领域的公众满意度得分雷达图

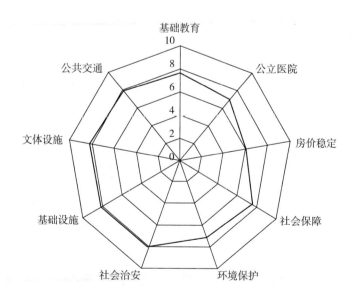

图4 北京市公共服务提供各领域的公众满意度得分雷达图

上海而言更为迫切;同时,提高环保工作的公众满意度也是提高北京市公共服务公众满意度的重要内容。

根据上述 A⁻ 类三个城市的分析,虽然成都、上海和北京的公共服务提供的公众满意度都入围了 A⁻ 类城市,但成都与另外两个城市的公众满意度情况有较大的不同。通过三个城市的公众满意度雷达图的比较可知:成都市在所有九个领域公共服务的公众满意度都达到了较高水平且相对较为均衡;而上海市和北京市虽然在某些公共服务方面达到了较高水平,但二者均具有明显的劣势,上海在房价稳定的公众满意度方面处于较大劣势,北京在房价稳定的公众满意度方面处于更低的水平,而且北京在环境保护工作方面的公众满意度也亟需提高。

3. B⁺ 类城市

上文已述,B⁺ 类城市包括了 13 个城市,即杭州、青岛、郑州、昆明、西宁、宁波、广州、大连、重庆、武汉、哈尔滨、银川和济南。

由图 5 可知,杭州在各领域的公共服务满意度得分最高的是环境保护工作,得分为 8.00 分,杭州的环境保护满意度在各城市排名第二位,也是杭州排名最高的领域;其次是文体设施(7.89 分)、社会治安(7.83 分)和社会保障(7.71)的满意度,在全国各城市的排名分别为第 5 位、第 5 位和第 3 位;杭州在各领域得分最低的是房价稳定满意度,得分为 6.01 分,在各城市的房价稳定公众满意度排名中位列第 25 名。因此,房价稳定公众满意度是提高杭州市公共服务公众满意度最为棘手的内容。

由图 6 可知,青岛在各领域的公共服务满意度得分最高的

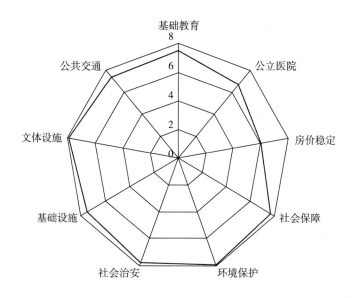

图 5　杭州市公共服务提供各领域的公众满意度得分雷达图

是公共交通，为 7.68 分，该得分在各城市的公共交通满意度中排名第 6 位；其次为社会保障（7.67 分），该得分在各城市的公共交通满意度中排名第 4 位；青岛公共服务的各领域满意度得分最低的是房价稳定的满意度，该得分为 6.40 分，但该得分在各城市排名第 4 位。此外，青岛其余各公共服务领域的得分也相对较为均衡，且均处于各城市排名的前列。因此，青岛市的公共服务各领域同厦门、成都这两个城市有些共同特征，即各领域的得分相对较为均衡，虽然房价稳定和公立医院的公众满意度最低，但二者在各城市的排名都处于较高水平，并没有明显的劣势。对于青岛而言，与其他城市一样，进一步提高公共服务的公众满意度应努力改善房价稳定和公立医院方面的工作。

　　由图 7 可知，郑州在各领域的公共服务满意度得分最高的

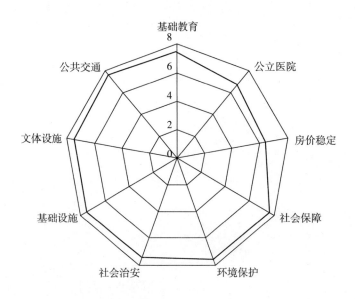

图6　青岛市公共服务提供各领域的公众满意度得分雷达图

是文体设施，得分为7.80分，该得分在各城市的文体设施满意度中排名第6位；其次为基础教育（7.74分），该得分在各城市的基础教育满意度中排名第3位，也是郑州市在各城市公众满意度中排名最高的领域；郑州公共服务的各领域满意度得分最低的是房价稳定的满意度，得分为6.28分，该得分在各城市中排名第11位；郑州市在各城市公众满意度中排名最低的领域是环境保护，得分为6.85分，为郑州市各领域得分的倒数第二位，该得分在各城市的环境保护满意度中排名第19位。此外，郑州其余各公共服务领域的得分相对较为均衡。由上述可知，无论从郑州市公共服务各领域而言，还是同其他城市的同类公共服务比较而言，基础教育和文体设施满意度均是郑州公共服务各领域满意度的优势；房价稳定和环境保护满意度是郑州市公共服务各领域的本身劣势，但同其他城市相比，提高环境保护的公众满意度是解决郑州市公共服务公众满意度的突出一环，需要着力解决。

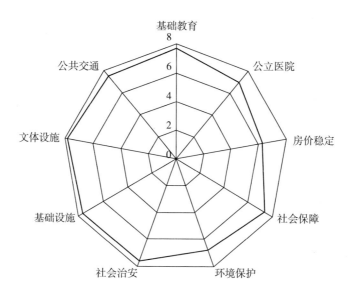

图7　郑州市公共服务提供各领域的公众满意度得分雷达图

由图8可知，昆明在各领域的公共服务满意度得分最高的是环境保护，为7.64分，该得分在各城市的环境保护满意度中排名第6位；其次为基础设施满意度（7.59分），该得分在各城市的基础设施满意度中排名第7位；昆明公共服务的各领域满意度得分最低的是房价稳定满意度，为6.51分，但该得分在各城市排名中位列第3位，是昆明市在各城市公众满意度中排名最高的领域。昆明市在各城市公众满意度中排名最低的领域是社会治安（7.33分）和公共交通（7.31分），均为各城市该领域的第15位。此外，昆明其余各公共服务领域的得分相对较为均衡。由上述可知，无论从昆明市公共服务各领域而言，还是同其他城市的同类公共服务比较而言，环境保护和基础设施满意度均是昆明公共服务各领域满意度的优势；公立医院和房价稳定满意度是昆明市公共服务各领域的本身劣势，但同其他城市相比，提高社会治安和公共交通的公众满意度对于昆明市公共服务公众满意度的提高更具有重要的意义。

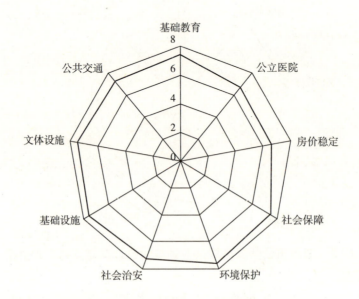

图8 昆明市公共服务提供各领域的公众满意度得分雷达图

由图9可知，西宁在各领域的公共服务满意度得分最高的是环境保护，得分为7.85分，该得分在各城市的环境保护满意度中排名第4位，是西宁市在公众满意度中排名最高的领域；其次为教育（7.56分），该得分在各城市的基础设施满意度中排名第8位；西宁公共服务的各领域满意度得分最低的是房价稳定的满意度（6.37分），但该得分在各城市中排名第7位。西宁市在各城市公众满意度中排名最低的领域是文体设施（7.27分）和社会治安（7.25分），分别为各城市该领域的第20位和16位。此外，西宁其余各公共服务领域的得分相对较为均衡。由上述可知，无论从西宁市公共服务各领域而言，还是同其他城市的同类公共服务比较而言，环境保护满意度均是西宁公共服务各领域满意度的最大优势；公立医院和房价稳定满意度是西宁市公共服务各领域的本身劣势，但同其他城市相比，提高社会治安和文体设施的公众满意度对于西宁市公共服务公众满意度的提高更具有重要的意义。

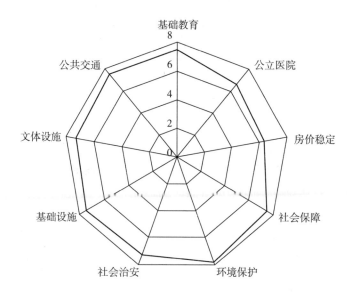

图9　西宁市公共服务提供各领域的公众满意度得分雷达图

由图10可知，宁波在各领域的公共服务满意度得分最高的是社会保障，得分为7.63分，该得分在各城市的社会保障满意度中排名第6位，是宁波市在公众满意度中排名最高的领域；其次为文体设施（7.61分），该得分在各城市的文体设施满意度中排名第10位；宁波公共服务的各领域满意度得分最低的是房价稳定的满意度，该得分为6.29分，该得分在各城市排名第10位。西宁市在各城市公众满意度中排名最低的领域是社会治安

（7.36分），为各城市该领域的第14位。由上述可知，宁波在公共服务各领域的公众满意度得分相对较为均衡，并无突出的优势和劣势，因而同其他城市一致，提高房价稳定和公立医院这两项所有城市公共服务的最软肋的公众满意对提高宁波市公共服务公众满意度的提高具有重要的意义。

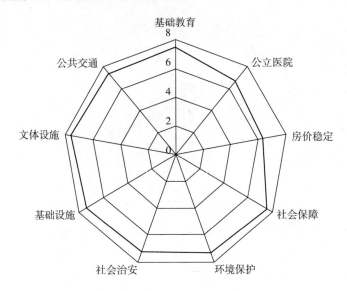

图10 宁波市公共服务提供各领域的公众满意度得分雷达图

由图11可知，广州在各领域的公共服务满意度得分最高的是文体设施，得分为7.71分，该得分在各城市的文体设施满意度中排名第9位；其次为公共交通和基础设施，得分均为7.68分，该得分在各城市的所在领域满意度中排名分别为第5和第6位，公共交通得分是广州市在公众满意度中排名最高的领域；广州公共服务的各领域满意度得分最低的是房价稳定的满意度，为6.07分，该得分在各城市中排名第22位。除房价稳定满意度排名低之外，广州在各城市公众满意度中排名较低的领域还包括社

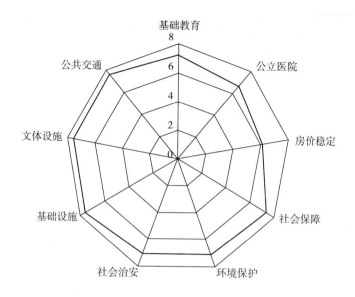

图11 广州市公共服务提供各领域的公众满意度得分雷达图

会治安（7.02分）和环境保护（7.09分），二者分别为各城市该领域的第21位和15位，此外二者得分也是广州在各领域得分除房价稳定满意度和公立医院满意度（6.69分）之外的最低分。由上述可知，无论从广州市公共服务各领域而言，还是同其他城市的同类公共服务比较而言，公共交通、基础设施和文体设施三项"硬件"满意度是广州公共服务各领域满意度的优势；而政府房价稳定、社会治安和环境保护均是广州公共服务各领域的本身劣势和比较劣势，因而，提高上述三项公共服务的公众满意度对于广州市公共服务公众满意度的提高更具有重要的意义。

由图12可知，大连在各领域的公共服务满意度得分最高的是文体设施，得分为7.74分，该得分在各城市的文体设施满意度中排名第8位；其次为环境保护（7.73分），该得分在各城市的所在领域满意度中排名为第5位，也是大连在公众满意度中排

名最高的领域；大连公共服务的各领域满意度得分最低的是房价
稳定的满意度，为5.96分，该得分在各城市中排名第27位。除
房价稳定满意度得分最低和排名最低之外，大连在公立医院满意
度的得分为6.30分，仅高于稳定房价满意度得分，且在各城市
该领域满意度排名第23位。由上述可知，无论从大连市公共服
务各领域而言，还是同其他城市的同类公共服务比较而言，环境
保护和文体设施满意度是大连公共服务各领域满意度的优势；而
房价稳定和公立医院满意度不仅是大连市公共服务各领域的本身
劣势，更是比较劣势，因而，提高房价稳定和公立医院满意度对
于大连市公共服务公众满意度的提高而言具有特殊的意义。

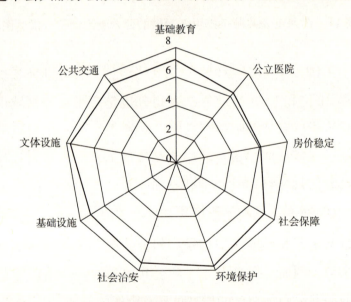

图12 大连市公共服务提供各领域的公众满意度得分雷达图

由图13可知，重庆在各领域的公共服务满意度得分最高的
是基础设施，得分为7.47分，该得分在各城市的基础设施满意
度中排名第14位；其次为社会治安（7.45分）和公共交通

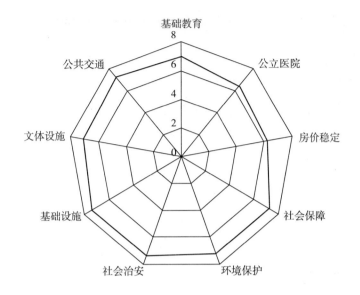

图13　重庆市公共服务提供各领域的公众满意度得分雷达图

（7.34分），二者得分在各城市的所在领域满意度中排名分别为第11和第13位。社会治安得分是重庆市在公众满意度中排名最高的领域；重庆公共服务的各领域满意度得分最低的是房价稳定的满意度，该得分为6.22分，该得分在各城市排名中位列第17位。除稳定房价满意度得分最低外，倒数第二的得分为公立医院满意度（6.40分），其在各城市排名中位列第19位。此外，重庆在各城市公众满意度中排名较低的领域是基础教育（7.04分），为各城市该领域的第25位。由上述可知，无论从重庆市公共服务各领域而言，还是同其他城市的同类公共服务比较而言，重庆市实则在公共服务各领域无明显的优势项目，房价稳定和公立医院满意度是重庆市本身的劣势，但基础教育满意度更是重庆市同其他城市相比较的最劣势。因而，提高基础教育的公众满意度对于重庆市公共服务公众满意度的提高而言具有重要的意义。

由图 14 可知，武汉在各领域的公共服务满意度得分最高的是文体设施，得分为 7.76 分，该得分在各城市的文化休闲设施满意度中排名第 7 位；其次为基础教育（7.59 分）和基础设施（7.56 分），二者得分在各城市的所在领域满意度中排名分别为第 6 位和第 9 位，基础教育得分是武汉市在公众满意度中排名最高的领域；武汉公共服务的各领域满意度得分最低的是房价稳定的满意度，为 6.22 分，该得分在各城市排名中位列第 16 位。除房价稳定满意度得分最低外，倒数第二的得分为环境保护满意度（6.48 分），其在各城市中排名第 28 位；另外，倒数第三的是公共交通的满意度（6.73 分），其在各城市中排名也为第 28 位。由上述可知，无论从武汉市公共服务各领域本身而言，还是同其他城市的同类公共服务比较而言，基础教育、基础设施和文体设施满意度是武汉市的优势项目，而房价稳定、环境保护和公共交通满意度是武汉市的本身劣势项目，而环境保护和公共交通满意度又同时是武汉市的比较劣势项目。因而，提高环境保护和公共交通的公众满意度对于武汉公共服务公众满意度的提高而言具有重要的意义。

由图 15 可知，哈尔滨在各领域的公共服务满意度得分最高的是基础设施，得分为 7.57 分，该得分在各城市的基础设施满意度中排名第 8 位，也是哈尔滨在公众满意度中排名最高的领域；其次为社会治安（7.40 分）和基础教育（7.39 分），二者得分在各城市的所在领域满意度中排名分别为第 13 和第 12 位；哈尔滨公共服务的各领域满意度得分最低的是房价稳定的满意度，该得分为 6.18 分，该得分在各城市中排名第 18 位。此外，哈尔滨在各城市公众满意度中排名较低的领域是社会保障（6.98 分）和文体设施满意度（7.15 分），二者分别为各城市该领域的第 25 位和

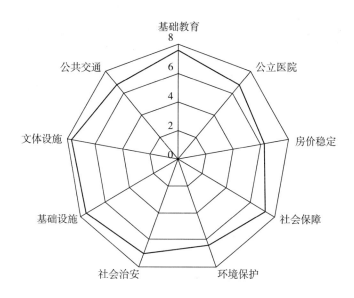

图 14 武汉市公共服务提供各领域的公众满意度得分雷达图

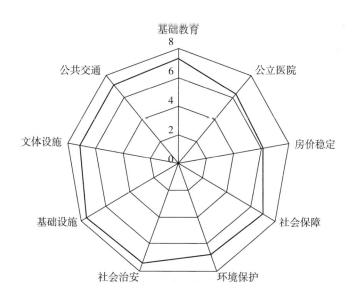

图 15 哈尔滨市公共服务提供各领域的公众满意度得分雷达图

第24位。由上述可知，无论从哈尔滨市公共服务各领域本身而言，还是同其他城市的同类公共服务比较而言，基础设施满意度是哈尔滨市的优势项目，而房价稳定和公立医院满意度是哈尔滨市的本身劣势项目；同时，社会保障和文体设施满意度又是哈尔滨市的比较劣势项目。因而，提高社会保障和文体设施满意度对于哈尔滨公共服务公众满意度的提高而言具有重要的意义。

由图16可知，银川在各领域的公共服务满意度得分最高的是环境保护，得分为7.50分，该得分在各城市的环境保护满意度中排名第9位，也是银川在公众满意度中排名最高的领域；其次为文体设施满意度（7.44分）和基础设施满意度（7.34分），二者得分在各城市的所在领域满意度中排名分别为第16位和第14位；银川公共服务的各领域满意度得分最低的是房价稳定的满意度，为6.08分，该得分在各城市中排名第21位；得分倒数第二的是公立医院满意度（6.31分），也列各城市排名第21位。由上述可知，无论从银川市公共服务各领域本身而言，还是同其他城市的同类公共服务比较而言，环境保护满意度是银川市的优势项目，而房价稳定和公立医院满意度是银川市的本身劣势项目；同时，二者又是银川市的比较劣势项目。因而，提高二者的满意度对于银川公共服务公众满意度的提高而言具有重要的意义。

由图17可知，济南在各领域的公共服务满意度得分最高的是社会治安，得分为7.66分，该得分在各城市的社会治安满意度中排名第7位，也是济南在公众满意度中排名最高的领域；其次为公共交通（7.39分）和基础教育（7.26分），二者得分在各城市的所在领域满意度中排名分别为第9位和第15位；济南公共服务的各领域满意度得分最低的是房价稳定的满意度，为

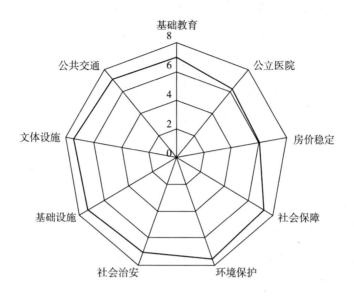

图16 银川市公共服务提供各领域的公众满意度得分雷达图

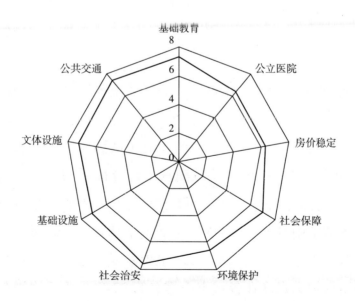

图17 济南市公共服务提供各领域的公众满意度得分雷达图

6.28 分，该得分在各城市中排名第 12 位。此外，济南在各城市公众满意度中排名较低的领域是环境保护（6.64 分）和社会保障（7.03 分），二者分别为各城市该领域的第 25 位和第 23 位；其中，环境保护得分也是济南在房价稳定得分和公立医院得分（6.42 分）之后的各领域倒数第三的得分。由上述可知，无论从济南市公共服务各领域本身而言，还是同其他城市的同类公共服务比较而言，社会治安和公共交通满意度是济南市的优势项目，而房价稳定、公立医院和环境保护满意度是济南市的本身劣势项目；同时，环境保护和社会保障满意度又是济南市的比较劣势项目。因而，提高环境保护和社会保障满意度对于济南公共服务公众满意度的提高而言具有重要的意义。

4. B 类城市

上文已述，B 类城市包括了 13 个城市，即天津、长春、南京、长沙、合肥、石家庄、南宁、福州、海口、西安、沈阳、太原和贵阳。

由图 18 可知，天津在各领域的公共服务满意度得分最高的是文体设施满意度，得分为 7.40 分，其次是基础设施满意度，得分为 7.34 分，二者在各城市的相应领域满意度中排名均为第 15 位；天津公共服务的各领域满意度得分最低的是房价稳定的满意度，该得分为 6.25 分，该得分在各城市中排名第 13 位，是天津在各城市中排名最高的领域。此外，天津得分较低的领域是公立医院满意度（6.43 分）和环境保护满意度（6.74 分）；其中，环境保护满意度在各城市中排名第 22 位，为天津排名最低的领域。由上述可知，无论从天津市公共服务各领域本身而言，还是同其他城市的同类公共服务比较而言，天津在各类公共服务领域中实则无明显的优势项目，而房价稳定、公立医院和环境保护满意度是天津市的本身劣势项目；同时，环境保护满意度又是天津市的比较劣势项目。因而，提高环境保护满意度对于天津公共服务公众满意度的提高而言具有重要的意义。

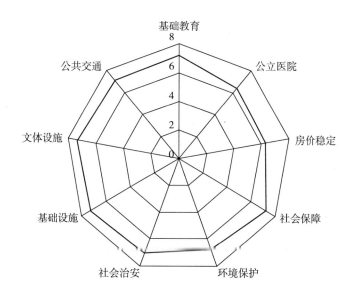

图18 天津市公共服务提供各领域的公众满意度得分雷达图

由图19可知，长春在各领域的公共服务满意度得分最高的是社会治安，得分为7.50分，在各城市的社会治安满意度中排名均为第9位；其次是社会保障的满意度（7.31分），在各城市的社保满意度中排名均为第11位。长春公共服务的各领域满意度得分最低的是公立医院满意度（6.25分），其次是房价稳定的满意度（6.40分），倒数第三是基础设施满意度（6.67分）；三者在各城市的相应领域的满意度排名分别为第24位、第5位和31位。房价稳定的满意度和基础设施满意度分别也是长春各领域的最高和最低排名。由上述可知，从长春市公共服务各领域本身而言，社会治安和社会保障满意度是长春的优势项目，公立医院、房价稳定和基础设施满意度是劣势项目；但同其他城市的同类公共服务比较而言，长春的相对优势项目还包括了房价稳定的满意度，而突出的劣势项目就是基础设施的满意度。因而，提高基础设施满意度已是长春公共服务公众满意度提高亟待解决的问题。

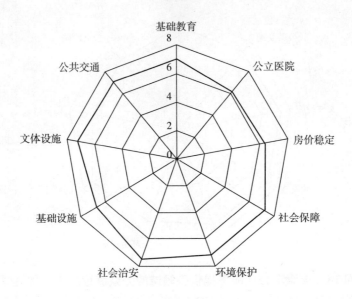

图 19　长春市公共服务提供各领域的公众满意度得分雷达图

由图 20 可知，南京在各领域的公共服务满意度得分最高的是社会治安和文体设施，得分均为 7.46 分，在各城市的相应满意度中排名分别为第 10 位名和第 13 位；其次是公共交通（7.38 分），在各城市的社会保障满意度中排名均为第 10 位。南京公共服务的各领域满意度得分最低的是房价稳定的满意度（5.82 分），在各城市中排名第 31 位；其次是公立医院满意度（6.31 分），在各城市中排名第 22 位；排名倒数第三的是环境保护满意度（6.52 分），在各城市中排名第 27 位。由上述可知，无论从南京市公共服务各领域本身而言，还是同其他城市的同类公共服务比较而言，社会治安、公共交通和文体设施的满意度为南京的优势项目，而政府稳定房价、公立医院和环境保护满意度是南京的本身劣势项目；同时，三者均又是南京的比较劣势项目。因而，提高三者的满意度对于南京公共服务公众满意度的提高而言具有特殊重要的意义。

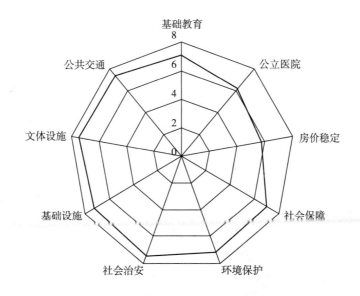

图20　南京市公共服务提供各领域的公众满意度得分雷达图

由图21可知，长沙在各领域的公共服务满意度得分最高的是文体设施，得分均为7.39分，在各城市的相应满意度中排名为第16位；其次是基础教育，得分为7.27分，在各城市的教育满意度中排名均为第14位。长沙公共服务的各领域满意度得分最低的是房价稳定的满意度（6.33分），在各城市中排名第9位，是长沙各领域的最高排名；其次是公立医院满意度（6.46分），在各城市中排名第13位。此外，社会治安（6.79）和公共交通（6.81）是得分较低且在各城市排名最低的两项公共服务，在各城市中分别排名第23和26位。由上述可知，从长沙市公共服务各领域本身而言，基础教育和文体设施是相对优势项目，房价稳定、公立医院、社会治安和公共交通是相对劣势项目；但同其他城市的同类公共服务比较而言，长沙的比较劣势项目主要是社会治安和公共交通。因而，提高社会治安和公共交通的满意度对长沙公共服务公众满意度提高而言具有重要的意义。

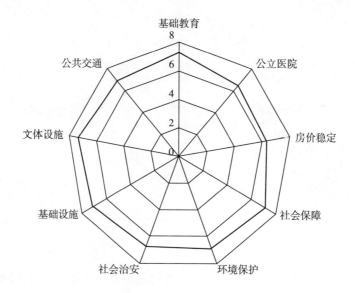

图21　长沙市公共服务提供各领域的公众满意度得分雷达图

由图22可知，合肥在各领域的公共服务满意度得分最高的是基础设施，得分均为7.24分，在各城市的相应满意度中排名为第17位；其次是基础教育（7.11分）和社会保障（7.11分），均在各城市的相应满意度中排名第20位。合肥公共服务的各领域满意度得分最低的是公立医院满意度（6.14分），在各城市中排名第27位；其次是房价稳定的满意度（6.40分），在各城市排名第6位，是合肥各领域的最高排名。此外，公共交通

（6.62分）是得分倒数第三且在各城市中排名最低（第29位）的服务。由上述可知，从合肥公共服务各领域本身而言，无明显的优势项目，也无极低的劣势项目，相对而言处于较低层次的均衡水平；但同其他城市的同类公共服务比较而言，合肥的比较劣势项目主要是公立医院和公共交通满意度。

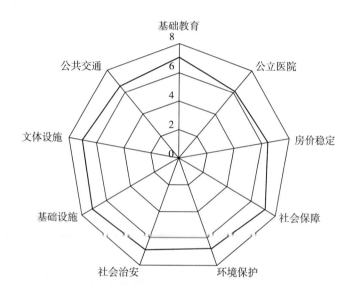

图22 合肥市公共服务提供各领域的公众满意度得分雷达图

由图23可知，石家庄在各领域的公共服务满意度得分最高的是公共交通，得分为7.33分，在各城市的相应满意度中排名为第14位；其次是文体设施（7.23分）。石家庄公共服务的各领域满意度得分最低的是房价稳定的满意度（6.33分），在各城市该领域的排名为第8位，是石家庄各领域的最高排名；其次是公立医院满意度（6.37分）和环境保护满意度（6.46）；其中环境保护满意度在各城市的排名是第29名，为石家庄各领域的最低。由上述可知，从石家庄公共服务各领域本身而言，公共交通相对而言是其优势项目，房价稳定、公立医院和环境保护是劣势项目，但相对而言石家庄各领域基本处于较低层次的均衡水平；同其他城市的同类公共服务比较而言，石家庄的比较劣势项目主要是环境保护满意度。

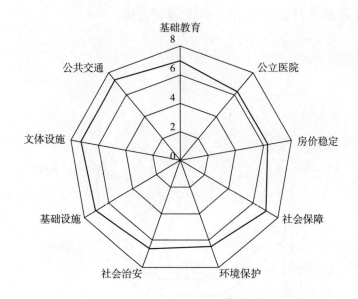

图23　石家庄市公共服务提供各领域的公众满意度得分雷达图

由图24可知，南宁在各领域的公共服务满意度得分最高的是环境保护，得分为7.48分，在各城市的相应满意度中排名为第10位，是南宁各领域的最高排名；其次是文体设施（7.23分）和基础教育（7.16分）。南宁公共服务的各领域满意度得分最低的是房价稳定（6.13分）、社会治安（6.34分）和公共交通（6.54分）；其中，社会治安和公共交通在各城市的排名分别为第29和30位。由上述可知，从南宁公共服务各领域本身而言，以及同其他城市的同类公共服务比较而言，环境保护满意度是南宁的优势项目，社会治安和公共交通是劣势项目。

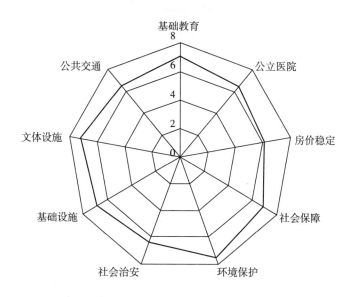

图24 南宁市公共服务提供各领域的公众满意度得分雷达图

由图25可知,福州在各领域的公共服务满意度得分最高的是文体设施(7.31分),其次是社会保障(7.16分),二者在各城市的相应满意度中排名均为第18位,是福州各领域的最高排名。福州公共服务的各领域满意度得分最低的是房价稳定满意度(5.82分)和公立医院满意度(6.13),二者在各城市的排名分别为第28和30位。由上述可知,从福州公共服务各领域本身而言,以及同其他城市的同类公共服务比较而言,福州实则无明显的优势项目,房价稳定和公立医院满意度是福州本身的劣势,也是同其他城市比较的劣势。因此,房价稳定和公立医院满意度的提高对福州公共服务公众满意度提高而言具有重要的意义。

由图26可知,海口在各领域的公共服务满意度得分最高的是文体设施(7.09分),其次是社会保障(7.02分),二者在各城市的相应满意度中排名分别为第26位和24位。海口公共服务

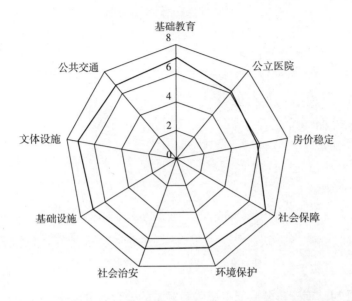

图 25 福州市公共服务提供各领域的公众满意度得分雷达图

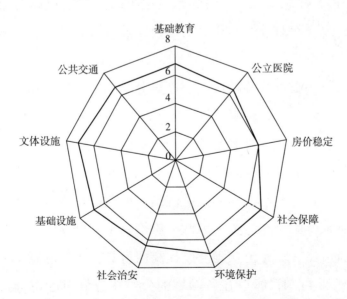

图 26 海口市公共服务提供各领域的公众满意度得分雷达图

的各领域满意度得分最低的是房价稳定（5.98 分）和社会治安（6.39）。从海口公共服务各领域本身而言，以及同其他城市的同类公共服务比较而言，海口无明显的优势项目，也无明显的劣势项目，各领域的得分和排名都相对较为均衡，但均为最低的水平之一。

由图 27 可知，西安在各领域的公共服务满意度得分最高的是文体设施（7.36 分），在各城市的相应满意度中排名为第 17 位，是西安各领域的最高排名；其次是基础设施（7.04 分）。西安公共服务的各领域满意度得分最低的是房价稳定的满意度（5.91 分）和公立医院满意度（6.19），二者在各城市的相应满意度中排名分别为第 28 和第 26 位，社会保障（6.81 分）在各城市排名第 31 位。从西安公共服务各领域本身而言，以及同其他城市的同类公共服务比较而言，文体设施满意度相对而言是西安的优势项目，社会保障相对而言是西安的最劣势项目。

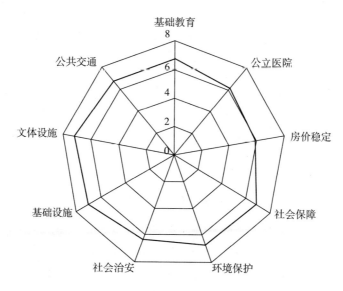

图 27　西安市公共服务提供各领域的公众满意度得分雷达图

由图 28 可知，沈阳在各领域的公共服务满意度得分最高的是文体设施（7.08 分），在各城市的相应满意度中排名为第 28 位；其次是社会治安（7.05 分），在各城市的相应满意度中排名为第 19 位。沈阳公共服务的各领域满意度得分最低的是公立医院满意度（6.01）、房价稳定的满意度（6.13 分），二者在各城市的相应满意度中排名分别为第 31 和第 19 位。此外，环境保护的满意度（6.40 分）在各城市排名第 30 位。从沈阳公共服务各领域本身而言，以及同其他城市的同类公共服务比较而言，社会治安满意度相对而言是沈阳的优势项目，公立医院满意度和环境保护相对而言是其劣势项目。

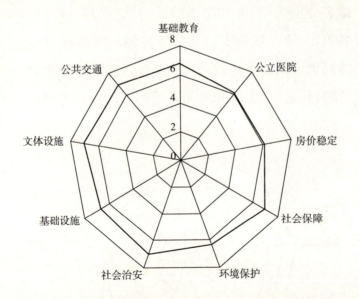

图 28   沈阳市公共服务提供各领域的公众满意度得分雷达图

由图 29 可知，太原在各领域的公共服务满意度得分最高的是文体设施（7.02 分），在各城市的相应满意度中排名为第 29 位；其次是社会保障（6.93 分），在各城市的相应满意度中排名为第 28 位。太原公共服务的各领域满意度得分最低的是房价稳定的满意度（5.91 分）、公立医院满意度（6.02），二者在各城市的相应满意度中排名分别为第 29 和第 30 位。从图 29 来看，太原在公共服务各领域的得分相对比较均衡，但都处于各城市最低的水平之一；对太原而言，也无明显的优势项目。

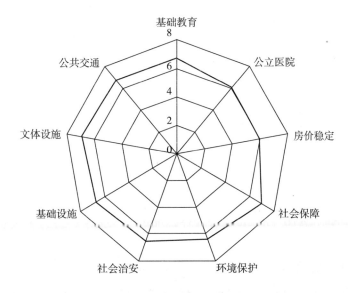

图 29　太原市公共服务提供各领域的公众满意度得分雷达图

由图 30 可知，贵阳在各领域的公共服务满意度得分呈现了较大的不均衡。贵阳各领域满意度中得分最高的是环境保护（7.06 分），在各城市的相应满意度中排名为第 16 位；其次是社会保障（6.94 分）和基础教育（6.93 分），分别在各城市的相应满意度中排名为第 27 和 26 位。贵阳公共服务的各领域满意度得分最低的是社会治安满意度（5.77），其在各城市的相应满意度中排名倒数第一位。此外，贵阳在公共交通（6.23）、文体设施满意度（6.88 分）方面排名分别为各城市的倒数第二和倒数第三位。从图 30 来看,环境保护是贵阳的优势项目,但社会治安、公共交通和文体设施等项目,尤其是社会治安满意度亟待提高。

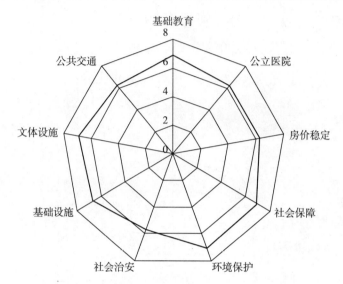

图30　贵阳市公共服务提供各领域的公众满意度得分雷达图

5. B⁻类城市

由图 31 可知,深圳各领域满意度得分最高的是公共交通(7.14 分),在各城市的相应满意度中排名为第 21 位,是深圳各领域在各城市的最高排名。深圳公共服务的各领域满意度得分最低的是房价稳定满意度(5.15)、公立医院满意度(5.39),二者在各城市的相应满意度中排名均为倒数第一位;此外,社会保障(6.35 分)和基础教育(6.56 分)也得分较低,而且二者在各城市的相应满意度中排名也均为倒数第一位。无论是从深圳公共服务各领域本身而言,还是同其他城市比较而言,深圳实则未有明显的优势项目,而房价稳定、公立医院、社会保障和基础教育更是亟待解决的劣势项目。深圳在上述领域的极低得分且最低排名，与深圳作为全国一线城市的地位不相符，深圳需在公共服务各领域进行更多的努力，才有可能迎头赶上。

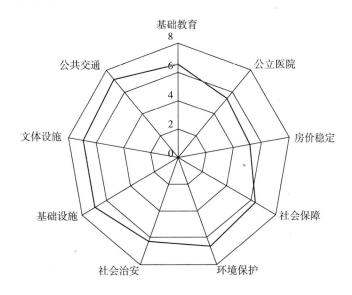

图31　深圳市公共服务提供各领域的公众满意度得分雷达图

由图32可知，南昌各领域满意度得分最高的是社会保障（6.73分），其次是文体设施（6.68分）。深圳公共服务的各领域满意度得分最低的是房价稳定满意度（5.70）、公立医院满意度（6.00）。南昌各领域公共服务项目在各城市的排名基本都在第31～33位之间。由此可知，南昌在各领域的得分都相对均衡，但都处于最低的水平之一。

由图33可知，呼和浩特各领域满意度得分最高的是文体设施（6.99分），在各城市的相应满意度中排名为第30位，其次是社会保障（6.83分）。呼和浩特公共服务的各领域满意度得分最低的是基础设施满意度（5.87分）、社会治安满意度（5.90分），二者在各城市的排名分别为倒数第一和倒数第二位。

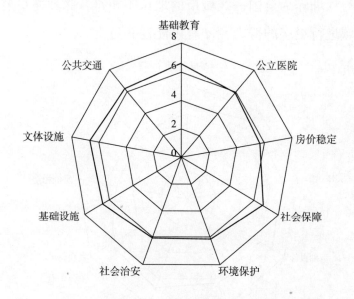

图32 南昌市公共服务提供各领域的公众满意度得分雷达图

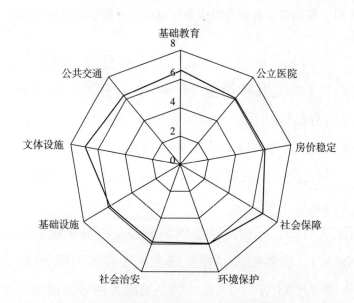

图33 呼和浩特市公共服务提供各领域的公众满意度得分雷达图

由图 34 可知，兰州各领域满意度得分最高的是基础教育
（6.66 分），在各城市的相应满意度中排名为第 31 位，是兰州排
名最高的项目；其次是社会保障（6.51 分）。兰州公共服务的各
领域满意度得分最低是房价稳定满意度（5.41 分）、社会保障满
意度（5.51 分）、环境保护满意度（5.55 分），其在各城市的排
名均为倒数第一或倒数第二位。同其他城市比较，兰州在环境保
护（5.55 分）、公共交通（5.78 分）和文体设施满意度（6.39
分）均为各城市的倒数第一位。因此，兰州在公共服务各领域
无任何优势，而绝大多数领域为劣势项目。

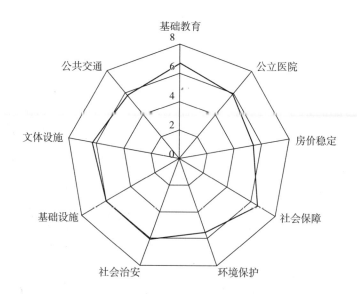

图 34　兰州市公共服务提供各领域的公众满意度得分雷达图

三　小结

本章对 34 个城市的公共服务提供各领域的公众满意度情况

进行了城市间的比较，并根据公共服务提供总体满意度的平均值与标准差（$\bar{x} \pm s$）将各城市基于得分的高低分为了五个层次。与此同时，本章采用雷达图的方式对每个城市的九个领域的公共服务得分进行了展示，以更清晰地发现各城市的公共服务各领域的优势和劣势。当然，雷达图只能反映同一个城市的各领域公共服务的优劣情况，本章除了雷达图之外，还根据公共服务各领域在所有城市间的排名，即不仅对各领域进行同一城市的横向比较，同时也进行该领域不同城市间的纵向比较，以此来更科学和真实地反映各城市的公共服务各领域的优势和劣势，以及为各城市提出更具有针对性和可行性的改善公共服务提供的政策建议。现将本章所分析的内容，大体总结如下。

1. 房价稳定和公立医院满意度是各城市公共服务提供各领域满意度最低的两项内容。通过各城市的公共服务提供各领域的公众满意度得分雷达图，我们可清晰看出来，几乎对于每个城市而言，房价稳定和公立医院满意度都是最低的。即便如唯一 A 类城市的厦门市，虽然九个领域的公共服务项目，厦门有 8 个项目在各城市排名第一，其余 1 个项目排名第二，但其雷达图也清晰展示出：房价稳定和公立医院满意度这两项在雷达图上明显"内凹"。上文雷达图充分揭示出了公众对房价稳定和公立医院两项公共服务最不满意，这也与当前城市居民对房价过高和医疗卫生领域的"看病难、看病贵"的突出民生问题相吻合。以上提示：保持房价稳定和公立医院的公益性改革是当前各大城市政府所面临的迫切和亟待解决的问题。

2. 不同层次、不同城市之间亟待提高的公共服务的核心和重点项目有较大的不同。对于大多数城市而言，尤其是对于 B^+

和 B 类城市而言，在九个公共服务领域，除了房价稳定和公立医院满意度这两项公共服务的各城市共同"软肋"之外，每个城市基本都有至少一项各自的公共服务发展的"短板"。如作为 B⁺类城市的郑州，郑州在 34 个城市的公共服务各领域总体排名为第 7 名，但其环境保护满意度得分仅为 6.85 分，在各城市该领域列第 19 位，环境保护就是制约郑州市各领域公共服务公众满意度提高的"短板"，亟待郑州市政府进行改善。此外，还有一些城市，在各领域得分相对而言已较为均衡，并无明显的"短板"，如 A⁻类城市的成都市，除各城市共存的房价稳定和公立医院满意度较低之外，其余各领域都相对较为均衡；而且即便房价稳定和公立医院满意度较低，成都市该两项服务的得分相比其他城市也已达到了较高值。当然，对于 B⁻类的城市，虽然各城市无明显的领域劣势，但更无优势项目，对于这些城市而言，所面临的是各领域都很严峻的改善公共服务的挑战。

3. 基于上文雷达图展示的各城市公共服务各领域的优劣提出相应的改善政策。上文使用雷达图对每个城市的九项公共服务进行了优劣展示，同时也对各领域的所有城市排名进行了介绍。各城市中，除房价稳定和公立医院公众满意度的得分都较低之外，对于多数城市而言，也都发现了各城市限制其公共服务提供总体满意度提高的劣势或短板。然而，对于这些公共服务领域劣势的改善，非一朝一夕之功，可能需要牵扯到方方面面的利益。如对于作为 A⁻类城市的北京而言，其公共服务提供的总体满意度列各城市的第四位，但北京在房价稳定和环境保护的满意度分别为 6.02 分和 7.25 分，分别列各城市相应公众满意度排名的第 24 位和第 12 位。雷达图以及各城市公共服务各领域排名较为清晰地显现出了问题，但对于如何解决这些问题才是最为关键的，譬如，如何提高北京的房价稳定和环境保护的公众满意度？因此，本章的主要目的是展示各城市公共服务各领域当前存在的问题，而对于如何解决这些问题尚需要根据可行性的原则进一步来研究。本书的后续章节也将通过更为宏观的角度来提出解决本章所提出问题的对策和建议。

此外，本章仅对公共服务提供各领域进行了雷达图分析，并未对公共服务公众满意度的各维度进行细致分析。本书前文对公共服务公众满意度分为了公共服务提供、公众参与、信息公开、政府信任和政府效能五个维度。考虑到本书的介绍核心和重点是公共服务提供，限于篇章的原因，本书未对公共服务的其余四个维度再进行展示。

分 报 告

Special Report

B.4

公共服务各领域的公众满意度描述

本书的前述内容已对公共服务的总体满意度情况（公共服务提供、公众参与、信息公开、政府效能和政府信任五个维度）进行了概述，对 34 个城市公共服务提供的九个领域的满意度情况也进行了分城市的分析。本章在上述分析的基础上将分别从基础教育、公立医院、房价稳定、社会保障、社会治安、基础设施、环境保护、文体设施、公共交通九个公共服务领域，对 34 个城市的公共服务提供满意度进行排名分析；对 34 个城市公共服务提供的公众满意度和城市人均 GDP、人均公共服务财政支出等客观指标进行相关性分析；以及对 34 个城市受访市民个体特征（包括性别、年龄、学历、户籍、月收入、居住时间、单位性质、从事职业、是否党员等）与公共服务公众满意度的关

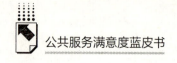

系进行分析。本章所有数据与前文的数据来源一致，下文不做赘述。

一 基础教育公众满意度评价

1. 综合排名情况

为了解 34 个城市基础教育公众满意度状况，本研究设置如下问题"您给所在城市的基础教育打几分？"请受访者从 0 到10 打分，0 分表示最低分，10 分表示最高分。总体而言，基础教育满意度得分总平均值为 7.23，在 9 项公共服务测量指标中排名第三，可见被调查城市的居民对所在城市的基础教育比较满意。

按照基础教育满意度得分对 34 个被调查城市进行排名（见表 1），基础教育公众满意度最高的是厦门，得分为 8.47，具有明显的领先优势；紧随其后的分别是成都（7.84 分）、郑州（7.74 分）、上海（7.68 分）、北京（7.62 分）、武汉（7.59分）、青岛（7.57 分）、西宁（7.56 分）、杭州（7.52 分）和宁波（7.47 分）。在排名前十位的城市中，有六个是东部沿海城市，四个是中西部城市；而排名后十位的城市中，中西部城市占了 7 位、东部城市占 3 位。初步判断，公众对基础教育的满意度与其所处地区的相关性不大。

2. 经济发展水平、政府投入对基础教育公众满意度的影响分析

表 2 列出了各城市基础教育公众满意度平均得分与城市经济发展水平、政府投入水平的相关状况。

表1　34个主要城市基础教育公众满意度排名

排名	城　市	得分	排名	城　市	得分
1	厦　门	8.47	18	南　京	7.19
2	成　都	7.84	19	南　宁	7.16
3	郑　州	7.74	20	合　肥	7.11
4	上　海	7.68	21	银　川	7.10
5	北　京	7.62	22	福　州	7.09
6	武　汉	7.59	23	长　春	7.08
7	青　岛	7.57	24	石家庄	7.05
8	西　宁	7.56	25	重　庆	7.04
9	杭　州	7.52	26	贵　阳	6.93
10	宁　波	7.47	27	西　安	6.88
11	昆　明	7.45	28	海　口	6.87
12	哈尔滨	7.39	29	沈　阳	6.83
13	广　州	7.34	30	太　原	6.80
14	长　沙	7.27	31	兰　州	6.66
15	济　南	7.26	32	南　昌	6.65
16	大　连	7.23	33	呼和浩特	6.63
17	天　津	7.21	34	深　圳	6.56

表2　各城市经济发展水平、政府投入与基础教育满意度得分

城　市	基础教育满意度得分	人均GDP（元）	基础教育满意度与人均GDP相关性	人均基础教育财政支出（元）	基础教育满意度与人均基础教育财政支出相关性
北　京	7.62	90764	Pearson Correlation：0.166 Sig.：0.348	2651.85	Pearson Correlation：0.278 Sig.：0.112
成　都	7.84	57936.6		825.77	
大　连	7.23	104627.5		412.83	
福　州	7.09	59287.3		132.67	
广　州	7.34	106292.8		884.31	
贵　阳	6.93	25941		126.98	
哈尔滨	7.39	34467		798.23	
海　口	6.87	28861		830.81	

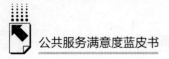

续表

城 市	基础教育满意度得分	人均GDP（元）	基础教育满意度与人均GDP相关性	人均基础教育财政支出（元）	基础教育满意度与人均基础教育财政支出相关性
杭 州	7.52	89696.8	Pearson Correlation：0.166	1034	Pearson Correlatio：0.278
合 肥	7.11	58817.8		1168.01	
呼和浩特	6.63	83000	Sig.：0.348	1105.49	Sig.：0.112
济 南	7.26	70628.6		640.46	
昆 明	7.45	46756.8		1035.69	
兰 州	6.66	30430		1011.29	
南 昌	6.65	59503.4		1013.97	
南 京	7.19	89966.8		1067.75	
南 宁	7.16	37600		803.86	
宁 波	7.47	85787		1247.85	
青 岛	7.57	83786.9		1640.83	
厦 门	8.47	79779.4		1652.91	
上 海	7.68	87324.6		2386.02	
深 圳	6.56	125026		874.69	
沈 阳	6.83	82653.8		1727.08	
石 家 庄	7.05	40143.3		835.32	
太 原	6.8	55013.1		1065.79	
天 津	7.21	99590.2		2336.65	
武 汉	7.59	81793.6		679.5	
西 安	6.88	51599.8		890.78	
西 宁	7.56	28446		1108.34	
银 川	7.1	38295		392.36	
长 春	7.08	58701.9		940.46	
长 沙	7.27	90856.2		669.04	
郑 州	7.74	64301.9		567.2	
重 庆	7.04	27367		1104.82	

从表2可知，各城市基础教育满意度得分和各城市人均GDP的相关系数为0.166，统计显著性为0.348，未达到显著性相关水平。各城市基础教育满意度得分平均值和各城市的基础教育人均财政支出的相关系数为0.278，统计显著性为0.112，也未达到显著性相关水平，即两者不相关。

3. 影响基础教育满意度的个体因素

本次调查，除了调查公众对34个城市的基础教育、公立医院、房价稳定、社会保障、环境保护、社会治安、基础设施、文体设施、公共交通9个公共服务领域的满意度状况，还调查了受访市民的人口统计特征，比如性别、年龄、收入、学历、是否党员、户籍、职业、单位性质等，本报告将用交叉表（Cross Table）、均值和标准差分析这些个体因素对基础教育公众满意度的影响。下文对各类公共服务的满意度个体影响因素分析一致，不赘述。

（1）受访市民的性别与基础教育公众满意度

从表3和图1可知，性别和基础教育公众满意度未有显著性的相关关系（P > 0.05）。

表3 受访市民的性别与基础教育公众满意度的关系

性别	均值	样本量	标准差
男	7.1900	12876	1.7961
女	7.2000	11047	1.6750
合计	7.1950	23923	1.7355

注：P > 0.05。

（2）受访市民的年龄与基础教育公众满意度

从表4和图2可以看出，年龄和基础教育公众满意度呈显著

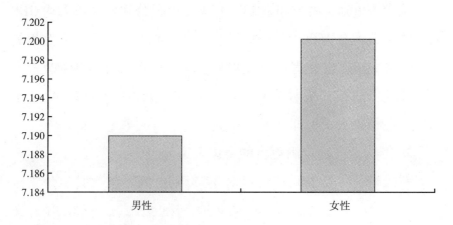

图1 受访市民的性别与基础教育公众满意度的关系

性相关关系（P < 0.05），60 岁及以上年龄段对基础教育的满意度最高，其次是50 ~ 59 岁，而30 ~ 39 岁年龄段对基础教育的满意度最低，40 ~ 49 岁年龄段的满意度也较低。这说明社会中坚层对基础教育的满意度最低，他们的子女正处于享受基础教育的阶段，这是一个不容乐观的现象，说明基础教育服务需要得到进一步推进和强化，使得社会中坚力量的中青年群体的子女能享受到较好的教育，为未来社会发展奠定良好的基础。

表4 受访市民的年龄与基础教育公众满意度的关系

年龄段	均值	样本量	标准差
18 ~ 29 岁	7.2100	11409	1.6207
30 ~ 39 岁	7.1100	6493	1.7692
40 ~ 49 岁	7.1800	3518	1.9129
50 ~ 59 岁	7.3700	1561	1.9498
≥60 岁	7.4600	843	1.9731
总　计	7.2000	23824	1.8452

注：P < 0.05。

　　为了更好地观察受访市民年龄与基础教育公众满意度的关系，我们将之做成了柱形图（见图2）。从图2可以看出，受访市民中，60岁及以上年龄段对基础教育的满意度最高，其次是50～59岁，而30～39岁年龄段对基础教育的满意度最低，40～49岁年龄段的满意度也较低。

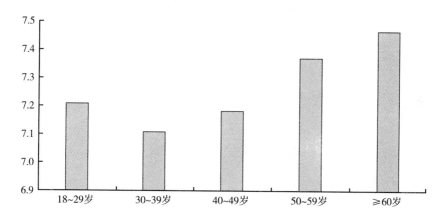

图2　受访市民的年龄与基础教育公众满意度的关系

　　（3）受访市民的学历与基础教育公众满意度

　　从表5和图3可知，受访市民的学历与基础教育服务满意度成反比关系，即学历越高，其对基础教育的满意度越低（P＜0.05）。当然，也有特殊情况，即大学本科学历对基础教育服务满意度比大专、高中群体要高。这也说明提高高学历精英阶层对基础教育满意度的重要性和紧迫性。为了更好地观察受访市民学历与基础教育公众满意度的关系，我们将之做成了柱形图（见图3）。

　　（4）受访市民的收入水平与基础教育公众满意度

　　从表6和图4可以看出，收入水平和基础教育的公众满意度

表5 受访市民的学历与基础教育公众满意度的关系

学　历	均值	样本量	标准差
小学及以下	7.4700	865	2.0023
初中	7.3000	3768	1.9307
高中及相关学历	7.1500	6592	1.7904
大专	7.1300	5489	1.6759
大学本科	7.2200	6389	1.5719
研究生	7.0900	820	1.7366
总　计	7.2266	23923	1.7846

注：$P < 0.05$。

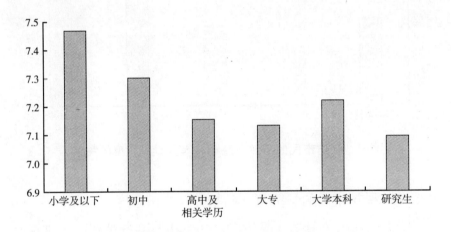

图3 受访市民的学历与基础教育公众满意度的关系

呈显著性相关（$P < 0.05$）。总体来看，中等收入者的满意度低于低收入者，而高收入者的满意度则变化较大。其中，无固定收入的群体，对基础教育的满意度最高；年收入在300000～499999元的群体，对基础教育的满意度最低。这也说明高收入群体对基础教育的期望值较高。为了更好地观察受访市民收入水平与基础教育公众满意度的关系，我们将之做成了柱形图（见图4）。

表 6　受访市民的收入水平与基础教育公众满意度的关系

年收入	均值	样本量	标准差
无固定收入	7.3500	4647	1.6605
少于 2 万元	7.1300	4451	1.8103
20000 元 ~ 39999 元	7.1900	6530	1.7570
40000 ~ 59999 元	7.1500	3505	1.6948
60000 ~ 99999 元	7.2500	2098	1.6815
100000 ~ 149999 元	7.0200	1088	1.7584
150000 ~ 199999 元	7.1500	251	1.8895
200000 ~ 299999 元	7.0800	205	1.6395
300000 ~ 499999 元	6.5700	129	2.3424
50 万元及以上	7.1600	109	2.0399
拒答		910	
总　计	7.1181	23923	1.8223

注：收入含工资、奖金、红利、股票收入及其他兼职收入；$P < 0.05$。

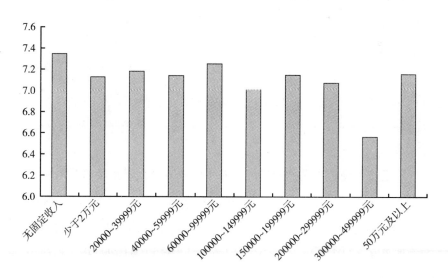

图 4　受访市民的收入水平与基础教育公众满意度的关系

（5）受访市民的党员身份与基础教育公众满意度

从表7可以看出，受访市民的党员身份与基础教育服务满意度的关系很明显（P < 0.05），即党员群体对基础教育的满意度高于非党员群体。为了更好地观察受访市民党员身份与基础教育公众满意度的关系，我们将之做成了柱形图（见图5）。

表7　受访市民的党员身份与基础教育公众满意度的关系

中共党员	均值	样本量	标准差
是	7.3400	3846	1.7156
不是	7.1700	20077	1.7438
总计	7.2550	23923	1.7297

注：P < 0.05。

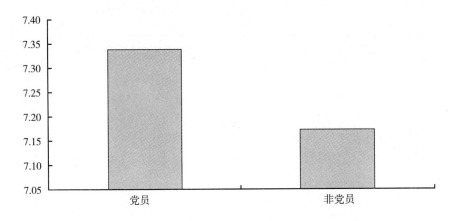

图5　受访市民的党员身份与基础教育公众满意度的关系

（6）受访市民居住时间与基础教育公众满意度

从图6可以看出，受访市民在本城市的居住时间与基础教育服务满意度未发现显著性相关。

（7）受访市民户籍与基础教育公众满意度

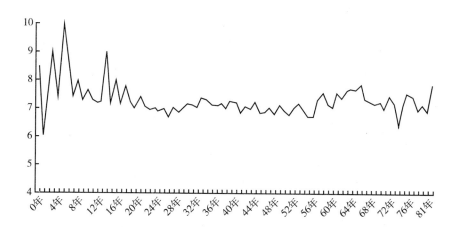

图 6 受访市民的居住时间与基础教育公众满意度的关系

从表 8 可以看出，受访市民的户籍与基础教育满意度成反比，即本地户籍群体对基础教育的满意度要低于非本地户籍群体（P < 0.05）。这一情况和我们所具备的常识略有出入，因为在中国城市，户籍是决定居民能否享受社会保障和社会福利的主要标准，因此户籍居民享有更多的社会保障服务。我们提供的解释是，非本地户籍群体的子女不在该城市读书，所以对该城市的基础教育情况不了解，故出现上述现象。为了更好地观察受访市民户籍与基础教育公众满意度的关系，我们将之做成了柱形图（见图 7）。

表 8 受访市民户籍与基础教育公众满意度的关系

是否本地户籍	均值	样本量	标准差
是	7.1500	13359	1.7547
不是	7.2600	10564	1.7199
合计	7.2050	23923	1.7373

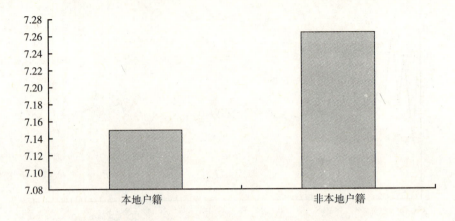

图 7　受访市民的户籍与基础教育公众满意度的关系

（8）受访市民职业与基础教育公众满意度

从表 9 和图 8 可以看出，受访市民的职业与基础教育满意度的关系未发现有显著性相关。

表 9　受访市民职业与基础教育公众满意度的关系

职业（行业）	均值	样本量	标准差
农、林、牧、渔业	7.4041	828	1.9129
采掘业	7.0536	57	1.5275
制造业	7.2002	2500	1.7006
电力、煤气及水的生产和供应业	7.1393	386	1.6727
建筑业	7.2479	1869	1.8115
地质勘查业、水利管理业	7.0556	65	1.7317
交通运输、仓储及邮电通信业	7.0165	1081	1.8734
批发和零售贸易、餐饮业	7.0522	2933	1.7687
金融、保险业	7.0735	832	1.6951
房地产业	7.1563	352	1.5973
社会服务业	7.1705	3095	1.7668
卫生、体育和社会福利业	7.1798	616	1.8130

续表

职业(行业)	均值	样本量	标准差
教育、文化艺术及广播电影电视业	7.1844	1271	1.6406
科学研究和综合技术服务业	7.1030	545	1.5599
国家机关、政党机关和社会团体	7.3248	549	1.6489
学生	7.4280	2904	1.4474
退休	7.1997	822	1.9054
无业或失业	7.1100	2218	1.8829
其他	7.2974	1000	1.7955
合　计	7.1788	23923	1.7238

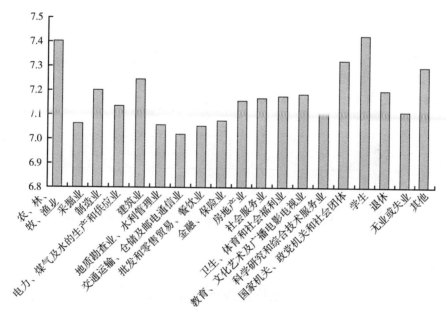

图 8　受访市民职业与基础教育公众满意度的关系

（9）受访市民单位性质与基础教育公众满意度

从表 10 和图 9 可以看出，受访市民的单位性质与基础教育满意度未发现有显著性相关关系。

表 10　受访市民单位性质与基础教育公众满意度的关系

单位性质	均值	样本量	标准差
国　　有	7.2012	4471	1.7273
私　　营	7.1373	10987	1.7760
外　　资	7.1535	867	1.6714
合　　资	7.3040	1121	1.6656
其　　他	7.2965	541	1.8924
拒　　答		5936	
合　　计	7.2103	23923	1.7378

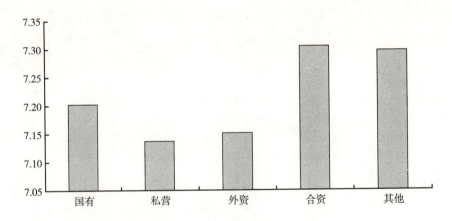

图 9　受访市民单位性质与基础教育公众满意度的关系

二　公立医院公众满意度评价

1. 综合排名情况

为了解 34 个城市的公立医院满意度状况，本研究设置如下问题"您给所在城市的公立医院打几分？"请受访市民从 0 到 10 打分，0 分表示最低分，10 分表示最高分。总体而言，公立医院满意度得分总平均值为 6.44，在 9 项公共服务测量指标中排名第 8，可见被调查城市的居民对所在城市的公立医院很不满意。

按照公立医院满意度得分对 34 个被调查城市进行排名（见表 11），公立医院公众满意度最高的是厦门，得分为 7.49，处于明显的领先优势；其次分别是成都（7.09 分）、北京（7.02 分）、郑州（6.92 分）、上海（6.90 分）、青岛（6.84 分）、杭州（6.75 分）、武汉（6.74 分）、宁波（6.72 分）和广州（6.69 分）。可见，在排名前十位的城市中，东部沿海城市占了绝大多数。而排名后几位的城市分别是：贵阳（6.21 分）、西安（6.19 分）、合肥（6.14 分）、福州（6.13 分）、呼和浩特（6.03 分）、太原（6.02 分）、沈阳（6.01 分）、南昌（6.00 分）、兰州（5.95 分）、深圳（5.39 分）等，中西部城市占了绝大多数。

表 11　34 个城市公立医院公众满意度排名

排名	城　市	得分	排名	城　　市	得分
1	厦　门	7.49	18	哈 尔 滨	6.41
2	成　都	7.09	19	重　庆	6.40
3	北　京	7.02	20	石 家 庄	6.37
4	郑　州	6.92	21	银　川	6.31
5	上　海	6.90	22	南　京	6.31
6	青　岛	6.84	23	大　连	6.3
7	杭　州	6.75	24	长　春	6.25
8	武　汉	6.74	25	贵　阳	6.21
9	宁　波	6.72	26	西　安	6.19
10	广　州	6.69	27	合　肥	6.14
11	昆　明	6.67	28	福　州	6.13
12	西　宁	6.65	29	呼和浩特	6.03

排名	城　　市	得分	排名	城　　市	得分
13	长　沙	6.46	30	太　原	6.02
14	南　宁	6.45	31	沈　阳	6.01
15	海　口	6.44	32	南　昌	6.0
16	天　津	6.43	33	兰　州	5.95
17	济　南	6.42	34	深　圳	5.39

总体来看，与中西部城市相比，东部城市的公立医院公众满意度有明显的优势，比如成都、郑州、武汉等中西部的公立医院公众满意度，处于前十名；但深圳的公立医院公众满意度处于最后一位。在得分方面，排名最高的厦门市（得分为 7.49）比排名最低的深圳市（得分为 5.39）高出近 38.96%，这两个城市均是位于东南沿海的经济特区，这一差距问题还待于进一步探索。

2. 经济发展水平、政府投入对公立医院公众满意度的影响分析

表 12 列出了各城市公立医院公众满意度平均得分与城市经济发展水平和政府投入水平的相关关系。

表 12　各城市公立医院满意度平均得分与城市经济发展水平、政府投入水平

城　　市	公立医院满意度得分	人均 GDP（元）	公立医院满意度与人均 GDP 相关性	人均医疗卫生财政支出（元）	公立医院满意度与人均医疗卫生财政支出相关性
北　京	7.02	90764	Pearson Correlation：0.060	1485.3	Pearson Correlation：−0.184
成　都	7.09	57937		371.99	
大　连	6.3	104628	Sig.：0.735	338.14	Sig.：0.298
福　州	6.13	59287		78.341	

续表

城　市	公立医院满意度得分	人均GDP（元）	公立医院满意度与人均GDP相关性	人均医疗卫生财政支出（元）	公立医院满意度与人均医疗卫生财政支出相关性
广　州	6.69	106293	Pearson Correlation：0.060	637.49	Pearson Correlation：-0.184
贵　阳	6.21	25941		321.1	
哈 尔 滨	6.41	34467	Sig.：0.735	312.46	Sig.：0.298
海　口	6.44	28861		487.29	
杭　州	6.75	89697		605.26	
合　肥	6.14	58818		273.08	
呼和浩特	6.03	83000		428.01	
济　南	6.42	70629		348.95	
昆　明	6.67	46757		345.56	
兰　州	5.95	30430		475.37	
南　昌	6	59503		415.89	
南　京	6.31	89967		499.66	
南　宁	6.45	37600		260.94	
宁　波	6.72	85787		637.41	
青　岛	6.84	83787		259.07	
厦　门	7.49	79779		288.78	
上　海	6.9	87325		1133.4	
深　圳	5.39	125026		2469.8	
沈　阳	6.01	82654		371.86	
石 家 庄	6.37	40143		275.15	
太　原	6.02	55013		276.81	
天　津	6.43	99590		711.5	
武　汉	6.74	81794		458.07	
西　安	6.19	51600		346.2	
西　宁	6.65	28446		563.95	
银　川	6.31	38295		645.65	
长　春	6.25	58702		336.88	
长　沙	6.46	90856		264.72	
郑　州	6.92	64302		318.5	
重　庆	6.4	27367		289.62	

从表 12 可以看出，各城市公立医院公众满意度平均值和各城市的人均 GDP 的相关系数为 0.060，统计显著性为 0.735，未达到显著性相关水平。各城市公立医院公众满意度平均值和各城市人均医疗卫生财政支出的相关系数为 -0.184，统计显著性为 0.298，也未达到显著性相关水平，即两者不相关。

3. 影响公立医院满意度的个体因素

（1）受访市民的性别与公立医院公众满意度

从表 13 可以看出，不同性别对公立医院公众满意度的影响不一样，女性的公立医院满意度均值较高，而且其标准差较低，说明女性群体对公立医院的满意度得分较高，而且群体内部差异性较小。

表 13　受访市民的性别与公立医院公众满意度的关系

性别	均值	样本量	标准差
男	6.3801	12876	2.0875
女	6.4996	11047	1.9124
总计	6.4361	23923	2.0000

注：$P < 0.01$。

为了更好地观察性别与公立医院公众满意度的关系，我们将之做成了柱形图（见图 10）。相关性统计分析结果显示，性别与公立医院满意度的关系呈显著相关（$P < 0.01$），受访市民中，女性群体对公立医院的满意度显著高于男性。

（2）受访市民的年龄与公立医院公众满意度

从表 14 可以看出，18 ~ 29 岁年龄段对公立医院的满意度最高，其次是 40 ~ 49 岁，而 30 ~ 39 岁年龄段对公立医院的满意度

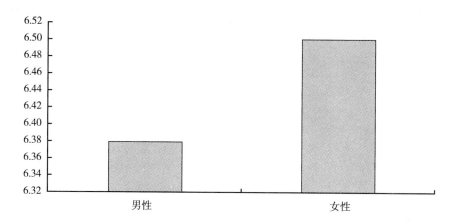

图 10　受访市民的性别与公立医院公众满意度的关系

最低。这说明社会中坚层对公立医院的满意度最低，可能是他们对公立医院的服务有较高的要求。

表 14　受访市民的年龄与公立医院公众满意度的关系

年龄段	均值	样本量	标准差
18~29 岁	6.5442	11409	1.9413
30~39 岁	6.3835	6493	2.0104
40~49 岁	6.5399	3518	2.0690
50~59 岁	6.4858	1561	2.2409
≥60 岁	6.4780	843	2.1619
缺失		99	
总　计	6.4863	23923	2.0847

注：$P < 0.01$。

　　为了更好地观察受访市民年龄与公立医院公众满意度的关系，我们将之做成了柱形图（见图 11）。相关性统计分析结果显示，年龄与公立医院满意度的关系呈显著相关（$P < 0.01$），也

就是年龄越大对公立医院的满意度越低，这可能是由于不同年龄层次的公众去公立医院的频次和得到服务的资源是不同的。

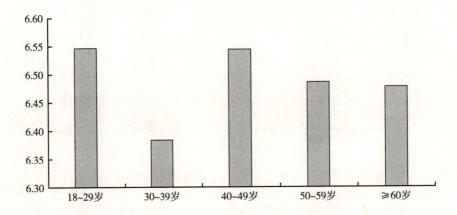

图11　受访市民的年龄与公立医院公众满意度的关系

（3）受访市民的学历与公立医院公众满意度

从表15可以看出，受访市民的学历与公立医院服务满意度呈现中间低、两头高的情况，即最高与较低的学历者，对公立医院的满意度越高；学历居中者，对公立医院的满意度较低；其中，高中及相关学历者，对公立医院的满意度最低。

表15　受访市民的学历与公立医院公众满意度的关系

学　历	均值	样本量	标准差
小学及以下	6.5465	865	2.2941
初中	6.6039	3768	2.1498
高中及相关学历	6.4396	6592	2.0747
大专	6.4665	5489	1.9271
大学本科	6.4785	6389	1.8852
研究生	6.6568	820	1.9330
合　计	6.5320	23923	2.0440

注：$P < 0.01$。

为了更好地观察受访市民学历与公立医院公众满意度的关系，我们将之做成了柱形图（见图12）。相关性统计分析结果显示（P<0.01），学历与公立医院公众满意度的关系呈现显著相关。

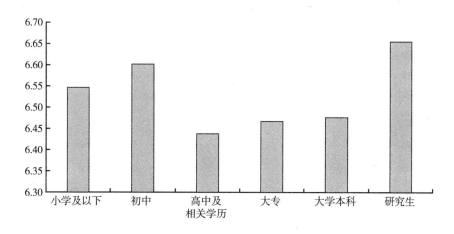

图12　受访市民的学历与公立医院公众满意度的关系

　　（4）受访市民的收入水平与公立医院公众满意度

　　从表16可以看出，受访市民的收入水平与公立医院服务满意度的关系呈负相关。总体来看，低收入者的满意度要高于高收入者，而高收入者的满意度则变化较大。其中，无固定收入的群体，对对公立医院的满意度最高；300000～499999元收入的群体，对公立医院的满意度最低，这也说明高收入群体对公立医院的期望值较高。

　　为了更好地观察受访市民收入水平与公立医院公众满意度的关系，我们将之做成了柱形图（见图13）。相关性统计分析结果显示（P<0.01），年龄与公立医院满意度的关系呈显著的负相关，也就是收入越高，对公立医院满意度越低。

表16　受访市民的收入水平与公立医院公众满意度的关系

年收入	均值	样本量	标准差
无固定收入	6.6438	4647	1.9342
少于2万元	6.4461	4451	2.0859
20000元~39999元	6.4685	6530	2.0196
40000~59999元	6.4431	3505	1.9300
60000~99999元	6.5992	2098	1.9943
100000~149999元	6.2885	1088	2.0443
150000~199999元	6.3962	251	2.0989
200000~299999元	6.1316	205	1.9666
300000~499999元	5.6269	129	2.4853
50万元及以上	6.2059	109	2.1549
拒答		910	
总　计	6.3482	23923	2.0681

注：收入含工资、奖金、红利、股票收入及其他兼职收入；P<0.01。

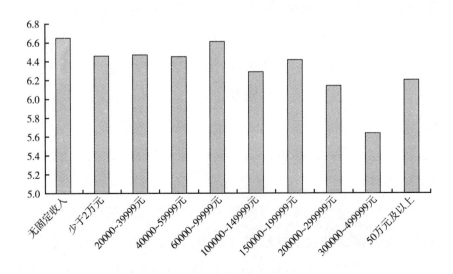

图13　受访市民的收入水平与公立医院公众满意度的关系

（5）受访市民的党员身份与公立医院公众满意度

从表 17 可以看出，受访市民的党员身份与公立医院服务满意度的关系很明显，即党员群体对公立医院的满意度高于非党员群体。相关性统计分析结果显示，党员与公立医院满意度的关系呈显著性的相关（P＜0.01），也就是具有中共党员身份的市民对公立医院的满意度，要高于非中共党员。为了更好地观察受访市民党员身份与公立医院公众满意度的关系，我们将之做成了柱形图（见图 14）。

表 17　受访市民的党员身份与公立医院公众满意度的关系

是否中共党员	均值	样本量	标准差
是	6.6251	3846	1.9620
不是	6.4680	20077	2.0150
总计	6.5465	23923	1.9885

注：P＜0.01。

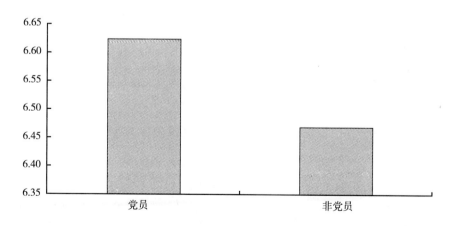

图 14　受访市民的党员身份与公立医院公众满意度的关系

（6）受访市民的居住时间与公立医院公众满意度

从图15可以看出，受访市民在本城市的居住时间与公立医院服务满意度的关系很复杂。总体来看，居住时间较少、较多的群体对公立医院服务的满意度，要高于居住时间居中的群体；而居住时间较多者的满意度则变化幅度较大。这与我们上面的分析是一致的，即居住时间较长的群体，其年龄较大、学历较低、收入较低，所以对本城市公立医院的满意度较高；居住时间较短的群体，情况类似。而居住时间居中的群体，他们是社会的中坚阶层，其学历高、收入高，对本城市的公立医院有着较高的期望，所以满意度较低。

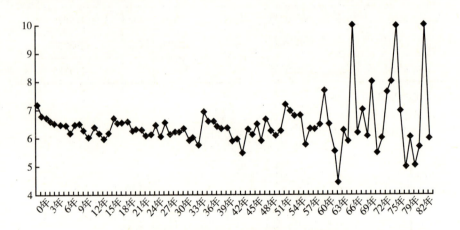

图15　受访市民的居住时间与公立医院公众满意度的关系

（7）受访市民的户籍与公立医院公众满意度

从表18可以看出，本地户籍群体对公立医院的满意度要低于非本地户籍群体。为了更好地观察受访市民户籍与公立医院公众满意度的关系，我们将之做成了柱形图（见图16）。相关性统计分析结果显示，受访市民的户籍与公立医院满意度的关系呈显著性的相关（P < 0.01）。

表18 受访市民的户籍与公立医院公众满意度的关系

是否本地户籍	均值	样本量	标准差
是	6.3981	13359	2.0228
不是	6.6073	10564	1.9827
合计	6.5027	23923	2.0028

注：P < 0.01。

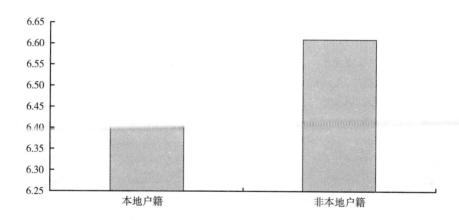

图16 受访市民的户籍与公立医院公众满意度的关系

（8）受访市民的职业与公立医院公众满意度

从表19可以看出，受访市民的职业与公立医院满意度的关系比较复杂。总体来看，卫生、体育和社会福利业对公立医院的满意度最高，其他依次是农、林、牧、渔业，学生，其他职业，国家机关、党政机关和社会团体，电力、煤气及水的生产和供应业，退休，房地产业，建筑业，制造业，地质勘查业、水利管理业，科学研究和综合技术服务业，交通运输、仓储邮电通信业，教育、文化艺术及广播电影电视业，社会服务业，无业或失业，金融、保险业，批发和零售贸易、餐饮业等，采掘业对公立医院的满意度最低。我们可以初步判断，卫生、体育和社会福利业是最支持本行业的群体，所以他们的满意度最高；其他职业对公立医院的满意度则无法判断。

表 19　受访市民的职业与公立医院公众满意度的关系

职业（行业）	均值	样本量	标准差
农、林、牧、渔业	6.8245	828	2.1689
采掘业	6.2143	57	2.1492
制造业	6.4551	2500	2.0080
电力、煤气及水的生产和供应业	6.5100	386	1.9021
建筑业	6.4691	1869	2.0480
地质勘查业、水利管理业	6.4286	65	2.0763
交通运输、仓储及邮电通信业	6.4079	1081	2.0096
批发和零售贸易、餐饮业	6.3091	2933	2.0227
金融、保险业	6.3178	832	1.9689
房地产业	6.4750	352	2.0248
社会服务业	6.3863	3095	2.0574
卫生、体育和社会福利业	6.9860	616	2.0478
教育、文化艺术及广播电影电视业	6.4036	1271	1.8301
科学研究和综合技术服务业	6.4264	545	1.9004
国家机关、政党机关和社会团体	6.6045	549	1.9430
学生	6.8082	2904	1.7947
退休	6.4753	822	2.0809
无业或失业	6.3579	2218	2.0915
其他	6.7904	1000	2.0879
合　计	6.5079	23923	2.0112

注：$P < 0.01$。

为了更好地观察受访市民的职业与公立医院公众满意度的关系，我们将之做成了柱形图（见图 17）。相关性统计分析结果显

示，受访市民的职业与公立医院满意度的关系呈显著的相关性
（P＜0.01）。

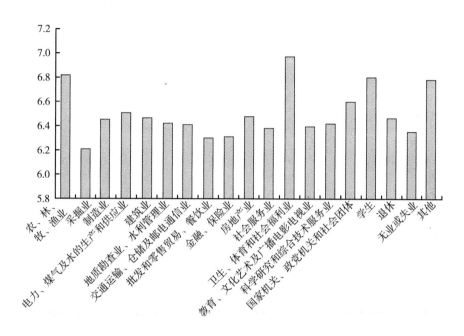

图17　受访市民的职业与公立医院公众满意度的关系

（9）受访市民的单位性质与公立医院公众满意度

从表20可以看出，受访市民的单位性质与公立医院公众满
意度的关系，呈现中间低、两头高的情况。总体来看，其他职业
对公立医院的满意度最高，其他依次是国有、合资、外资、私营
等。

相关性统计分析结果显示，受访市民的单位性质与公立医院
满意度的关系无显著的相关性（P＞0.05）。为了更好地观察受
访市民的单位性质与公立医院公众满意度的关系，我们将之做成
了柱形图（见图18）。

表20 受访市民的单位性质与公立医院公众满意度的关系

单位性质	均值	样本量	标准差
国　有	6.5617	4471	1.9556
私　营	6.4051	10987	2.0444
外　资	6.4811	867	1.9211
合　资	6.5111	1121	2.0639
其　他	6.6584	541	2.1462
拒　答		5936	
合　计	6.5352	23923	2.0154

注：$P > 0.05$。

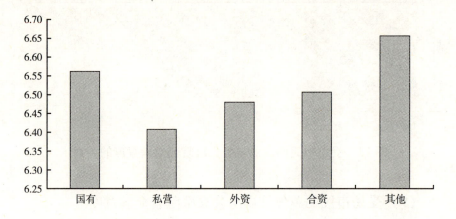

图18 受访市民的单位性质与公立医院公众满意度的关系

三　房价稳定公众满意度评价

1. 综合排名情况

为了解34个城市房价稳定公众满意度状况，本研究设置如下问题"您给所在城市政府房价稳定的工作打几分?"请受访者从 0 到 10 打分，0 分表示最低分，10 分表示最高分。总体而言，房价稳定满意度得分总平均值为 6.13，在 9 项公共服务测量指标中处于最后一位，可见被调查城市的居民对所在城市的房价稳定工作很不满意。

按照房价稳定满意度得分对 34 个被调查城市进行排名（见表 21），房价稳定公众满意度最高的是成都，得分为 6.66；紧随其后的分别是厦门（6.65 分）、昆明（6.51 分）、青岛（6.40 分）、长春（6.40 分）、合肥（6.40 分）、西宁（6.37 分）、石家庄（6.33 分）、长沙（6.33 分）和宁波（6.29 分）。可见，在排名前十位的城市中，中西部城市占据 6 位。而排名最后几位的城市，依次为杭州、海口、大连、西安、太原、福州、南京、南昌、兰州、深圳，以东部城市居多。

表 21　34 个城市房价稳定公众满意度排名

排名	城　　市	得分	排名	城　　市	得分
1	成　都	6.66	18	哈　尔　滨	6.18
2	厦　门	6.65	19	沈　　阳	6.13
3	昆　明	6.51	20	南　　宁	6.13
4	青　岛	6.40	21	银　　川	6.08
5	长　春	6.40	22	广　　州	6.07
6	合　肥	6.40	23	呼和浩特	6.06
7	西　宁	6.37	24	北　　京	6.02
8	石　家　庄	6.33	25	杭　　州	6.01
9	长　沙	6.33	26	海　　口	5.98
10	宁　波	6.29	27	大　　连	5.96
11	郑　州	6.28	28	西　　安	5.91
12	济　南	6.28	29	太　　原	5.91
13	天　津	6.25	30	福　　州	5.82
14	上　海	6.23	31	南　　京	5.82
15	贵　阳	6.23	32	南　　昌	5.70
16	武　汉	6.22	33	兰　　州	5.41
17	重　庆	6.22	34	深　　圳	5.15

2. 经济发展水平、政府投入对房价稳定公众满意度的影响分析

表 22 列出了各城市房价稳定公众满意度平均得分与城市经济发展水平、政府投入水平的关系。

表 22　各城市房价稳定公众满意度平均得分与城市
经济发展水平、政府投入水平

城　　市	房价稳定满意度得分	人均GDP（元）	房价稳定满意度与人均GDP相关性	人均房价稳定财政支出（元）	房价稳定满意度与人均房价稳定财政支出相关性
北　京	6.02	90764	Pearson Correlation：0.176	347.93	Pearson Correlation：-0.0140
成　都	6.66	57937		125.25	
大　连	5.96	104628		279.54	
福　州	5.82	59287	Sig.：0.319	79.932	Sig.：0.938
广　州	6.07	106293		520.94	
贵　阳	6.23	25941		35.24	
哈尔滨	6.18	34467		200.25	
海　口	5.98	28861		646.6	
杭　州	6.01	89697		46.343	
合　肥	6.4	58818		139.43	
呼和浩特	6.06	83000		194.72	
济　南	6.28	70629		23.141	
昆　明	6.51	46757		118.27	
兰　州	5.41	30430		46.35	
南　昌	5.7	59503		55.855	
南　京	5.82	89967		37.034	
南　宁	6.13	37600		87.862	
宁　波	6.29	85787		47.453	
青　岛	6.4	83787		72.443	
厦　门	6.65	79779		80.334	
上　海	6.23	87325		64.674	

城　　市	房价稳定满意度得分	人均 GDP（元）	房价稳定满意度与人均 GDP 相关性	人均房价稳定财政支出（元）	房价稳定满意度与人均房价稳定财政支出相关性
深　　圳	5.15	125026	Pearson Correlation：0.176	54.74	Pearson Correlation：－0.0140
沈　　阳	6.13	82654		57.34	
石　家　庄	6.33	40143	Sig. :0.319	52.4	Sig. :0.938
太　　原	5.91	55013		36.75	
天　　津	6.25	99590		35.7	
武　　汉	6.22	81794		47.45	
西　　安	5.91	51600		117.22	
西　　宁	6.37	28446		83.64	
银　　川	6.08	38295		89.745	
长　　春	6.4	58702		197.91	
长　　沙	6.33	90856		156.59	
郑　　州	6.28	64302		52.315	
重　　庆	6.22	27367		243.95	

从表 22 可以看出，各城市房价稳定满意度平均值和各城市的人均 GDP 成无相关关系，相关系数为 0.176，统计显著性为 0.319，未达到显著性相关水平。

3. 影响房价稳定满意度的个体因素

（1）受访市民的性别与房价稳定公众满意度

从表 23 可以看出，不同性别对房价稳定公众满意度的影响不一样，女性的房价稳定满意度均值较高，而且其标准差较低，说明女性群体对房价稳定的满意度得分较高、而且群体内部差异性较小。

表 23　受访市民的性别与房价稳定公众满意度的关系

性别	均值	样本量	标准差
男	6.1200	12876	2.2373
女	6.1284	11047	2.0362
总计	6.1242	23923	2.1367

注：P < 0.01。

为了更好地观察性别与房价稳定公众满意度的关系，我们将之做成了柱形图（见图 19）。相关性统计分析结果显示，性别与房价稳定满意度的关系呈显著的相关（P < 0.01），受访市民中，女性群体对房价稳定的满意度显著高于男性。

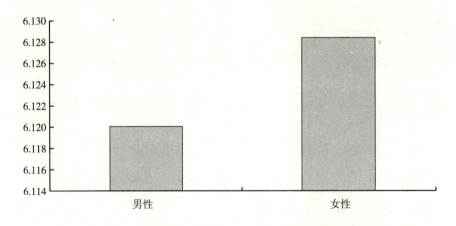

图 19　受访市民的性别与房价稳定公众满意度的关系

（2）受访市民的年龄与房价稳定公众满意度

从表 24 可以看出，60 岁以上年龄段对房价稳定的满意度最高，其次是 50~59 岁年龄段的市民，而 30~39 岁年龄段的市民对房价稳定的满意度最低。这说明社会中坚层对房价稳定的满意度最低，他们正处于买房子、为住房拼搏的阶段，房价居高不下，只能让这部分群体望"房"兴叹，也不利于中国中产阶层的培育。

表24　受访市民的年龄与房价稳定公众满意度的关系

年龄段	均值	样本量	标准差
18~29 岁	6.1421	11409	2.0565
30~39 岁	6.0094	6493	2.1667
40~49 岁	6.1364	3518	2.2116
50~59 岁	6.1870	1561	2.4118
≥60 岁	6.2066	843	2.3822
缺失		99	
合　计	6.1563	23923	2.0565

注：$P < 0.01$。

为了更好地观察受访市民年龄段与房价稳定公众满意度的关系，我们将之做成了柱形图（见图20）。相关性统计分析结果显示，年龄与房价稳定公众满意度的关系呈显著的相关性（$P < 0.01$）。

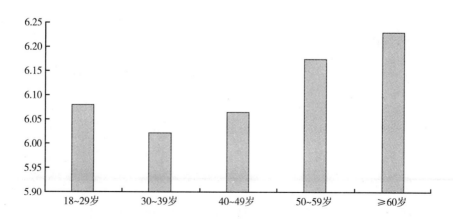

图20　受访市民的年龄与房价稳定公众满意度的关系

（3）受访市民的学历与房价稳定公众满意度

从表25可以看出，受访市民的学历与房价稳定服务满意度呈现负相关关系，即学历越高、对房价稳定的满意度越低，这说明高学历者普遍关心房价稳定这一牵动全民的民生问题。

表25　受访市民的学历与房价稳定公众满意度的关系

学　历	均值	样本量	标准差
小学及以下	6.2487	865	2.3956
初中	6.4068	3768	2.2578
高中及相关学历	6.1595	6592	2.1500
大专	5.9983	5489	2.1294
大学本科	6.0244	6389	2.0580
研究生	6.0160	820	1.9938
总　计	6.1490	23923	2.1641

注：$P < 0.01$。

为了更好地观察受访市民学历与房价稳定公众满意度的关系，我们将之做成了柱形图（见图21）。相关性统计分析结果显示，学历与房价稳定公众满意度的关系呈现显著性的负相关（$P < 0.01$）。

（4）受访市民的收入水平与房价稳定公众满意度

从表26可以看出，受访市民的收入水平与房价稳定服务满意度的关系呈相关性。总体来看，无固定收入的群体，对房价稳定的满意度最高；其次依次为60000～99999元、40000～59999元、20000～39999元的收入者，200000～299999元收入者对房价

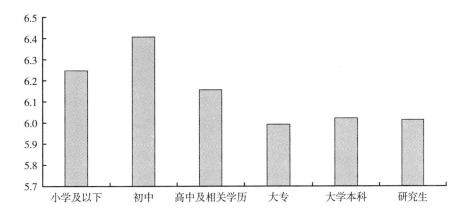

图 21　受访市民的学历与房价稳定公众满意度的关系

稳定的满意度最低。这说明低收入者、中等收入者的满意度要高
于高收入者。这也说明高收入群体对房价稳定的期望值较高。

表 26　受访市民的收入水平与房价稳定公众满意度的关系

年收入	均值	样本量	标准差
无固定收入	6.3511	4647	2.0385
少于 2 万元	6.0326	4451	2.1641
20000 元 ~ 39999 元	6.0819	6530	2.1536
40000 ~ 59999 元	6.0811	3505	2.1312
60000 ~ 99999 元	6.0914	2098	2.1428
100000 ~ 149999 元	5.9967	1088	2.2861
150000 ~ 199999 元	5.9542	251	2.1440
200000 ~ 299999 元	5.8304	205	2.2537
300000 ~ 499999 元	5.8769	129	2.7755
50 万元及以上	5.9004	109	2.5672
拒答		910	
总　计	6.0562	23923	2.2564

注：收入含工资、奖金、红利、股票收入及其他兼职收入；$P < 0.01$。

　　为了更好地观察受访市民收入水平与房价稳定公众满意度的关系，我们将之做成了柱形图（见图22）。相关性统计分析结果显示，收入水平与房价稳定满意度的关系呈显著的相关性（P < 0.01），也就是收入越高，对房价稳定的满意度越低。

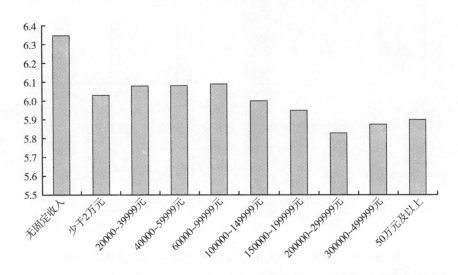

图22　受访市民的收入水平与房价稳定公众满意度的关系

　　（5）受访市民的党员身份与房价稳定公众满意度

　　从表27可以看出，受访市民的党员身份与房价稳定服务满意度的关系很明显，即党员群体对房价稳定的满意度高于非党员群体。

表27　受访市民的党员身份与房价稳定公众满意度的关系

是否中共党员	均值	样本量	标准差
是	6.2383	3846	2.1239
不是	6.1018	20077	2.1486
总计	6.1700	23923	2.1363

　　注：P < 0.01。

为了更好地观察受访市民党员身份与房价稳定公众满意度的关系，我们将之做成了柱形图（见图 23）。相关性统计分析结果显示，是否具有党员身份与房价稳定公众满意度的关系呈显著的相关性（P < 0.01）。

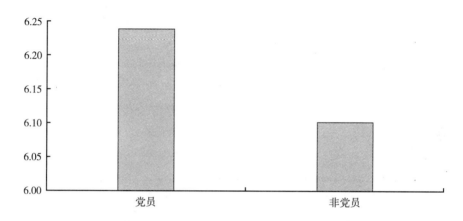

图 23　受访市民的党员身份与房价稳定公众满意度的关系

　　（6）受访市民的居住时间与房价稳定公众满意度

　　为观察受访市民居住时间与房价稳定公众满意度的关系，我们将之做成了折线图（见图 24）。相关性统计分析结果显示，居住时间与房价稳定公众满意度的关系呈显著的相关性（P < 0.01），也就是居住时间越长，满意度反而越低。

　　（7）受访市民的户籍与房价稳定公众满意度

　　从表 28 可以看出，受访市民的户籍与房价稳定满意度相关，即户籍群体对房价稳定的满意度要低于非户籍群体。

　　为了更好地观察受访市民的户籍与房价稳定公众满意度的关系，我们将之做成了柱形图（见图 25）。相关性统计分析结果显示，户籍与房价稳定满意度的关系呈显著性的相关（P < 0.01）。

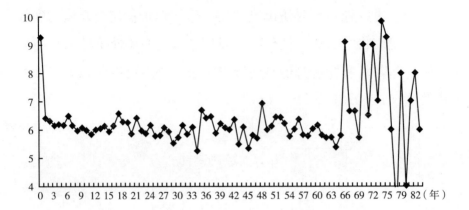

图24 受访市民的居住时间与房价稳定公众满意度

表28 受访市民的户籍与房价稳定公众满意度

是否本地户籍	均值	样本量	标准差
是	6.0495	13359	2.1674
不是	6.2113	10564	2.1156
合计	6.1304	23923	2.1415

注：P < 0.01。

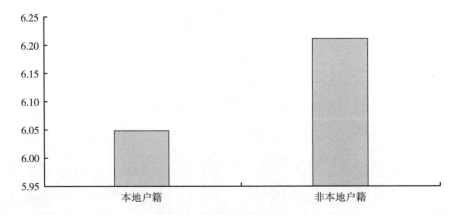

图25 受访市民的户籍与房价稳定公众满意度

（8）受访市民的职业与房价稳定公众满意度

从表29可以看出，受访市民的职业与房价稳定满意度的关系比较复杂。总体来看，农、林、牧、渔行业的受访者对房价稳定的满意度最高，其他依次是学生，其他职业，房地产业，建筑业，国家机关、党政机关社会团体，采掘业，批发、零售贸易、餐饮业，社会服务业，退休，电力、煤气及水的生产和供应业，教育、文化艺术及广播电影电视业，卫生、体育社会福利业、交通运输、仓储及邮电通信业，无业，金融保险业，地质勘查业、水利管理业等，科学研究及综合技术服务业对房价稳定的满意度最低。为了更好地观察受访市民的职业与房价稳定公众满意度的关系，我们将之做成了柱形图（见图26）。相关性统计分析结果显示，受访市民的职业与房价稳定满意度的关系呈无显著性的相关性（P＞0.05）。

表29　受访市民的职业与房价稳定公众满意度的关系

职业（行业）	均值	样本量	标准差
农、林、牧、渔业	6.5567	828	2.2372
采掘业	6.0741	57	2.1290
制造业	6.1796	2500	2.1105
电力、煤气及水的生产和供应业	6.0417	386	2.2204
建筑业	6.2292	1869	2.2154
地质勘查业、水利管理业	5.8750	65	2.0752
交通运输、仓储及邮电通信业	5.9732	1081	2.2347
批发和零售贸易、餐饮业	6.0524	2933	2.1537
金融、保险业	5.8856	832	2.2421
房地产业	6.2374	352	2.2211
社会服务业	6.0475	3095	2.1321
卫生、体育和社会福利业	5.9914	616	2.1260

职业(行业)	均值	样本量	标准差
教育、文化艺术及广播电影电视业	6.0074	1271	2.0106
科学研究和综合技术服务业	5.5440	545	2.1604
国家机关、政党机关和社会团体	6.1628	549	2.2083
学生	6.5271	2904	1.8336
退休	6.0474	822	2.3292
无业或失业	5.8946	2218	2.2168
其他	6.2534	1000	2.2685
合　计	6.0832	23923	2.1645

注：P > 0.05。

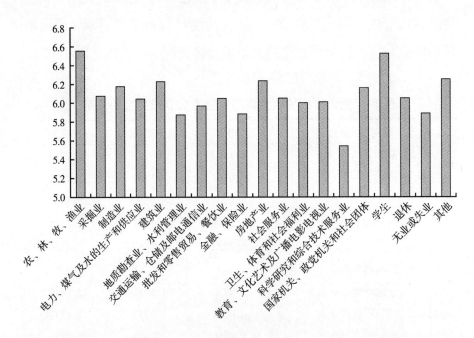

图26　受访市民的职业与房价稳定公众满意度的关系

（9）受访市民的单位性质与房价稳定公众满意度

从表30可以看出，受访市民的单位性质与房价稳定满意度的关

系，呈现中间低、两头高的情况。总体来看，其他职业对房价稳定
的满意度最高，其他依次是合资、私营、国有、外资等性质单位。

表30　受访市民的单位性质与房价稳定公众满意度的关系

单位性质	均值	样本量	标准差
国　　有	6.0771	4471	2.1194
私　　营	6.0908	10987	2.1970
外　　资	6.0220	867	2.0292
合　　资	6.1188	1121	2.1214
其　　他	6.2913	541	2.2982
拒　　答		5936	
合　　计	6.1383	23923	2.1396

注：P > 0.05。

　　为了更好地观察受访市民的单位性质与房价稳定公众满意度
的关系，我们将之做成了柱形图（见图27）。相关性统计分析结
果显示，受访市民的单位性质与房价稳定满意度的关系呈无显著
的相关性（P > 0.05）。

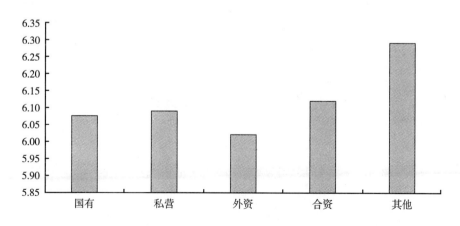

图27　受访市民的单位性质与房价稳定公众满意度的关系

四 社会保障公众满意度评价

1. 综合排名情况

为了解 34 个主要城市社会保障公众满意度状况,本研究设置如下问题"您给所在城市的社会保障(包括医疗保险、社会养老保险等)打几分?"请受访者从 0 到 10 打分,0 分表示最低分,10 分表示最高分。总体而言,社会保障公众满意度得分总平均值为 7.2,在 9 项公共服务测量指标中排名第四,可见被调查城市的居民对所在城市的社会保障还算满意。

按照社会保障公众满意度得分对 34 个被调查城市进行排名(见表 31),社会保障公众满意度最高的是厦门,得分为 8.38,领先优势非常明显;紧随其后的分别是成都(7.78 分)、杭州(7.71 分)、青岛(7.67 分)、北京(7.64 分)、宁波(7.63 分)、上海(7.63 分)、西宁(7.50 分)、昆明(7.50 分)和郑州(7.38 分)。可见,在排名前十位的城市中,东部沿海城市占据多数。而排名后几位的城市分别是:哈尔滨、沈阳、贵阳、太原、南宁、呼和浩特、西安、南昌、兰州、深圳等,以中西部城市居多。

表 31 34 个城市社会保障公众满意度排名

排名	城 市	得分	排名	城 市	得分
1	厦 门	8.38	18	福 州	7.16
2	成 都	7.78	19	长 沙	7.15
3	杭 州	7.71	20	合 肥	7.11
4	青 岛	7.67	21	石 家 庄	7.08

排名	城　市	得分	排名	城　市	得分
5	北　京	7.64	22	南　京	7.06
6	宁　波	7.63	23	济　南	7.03
7	上　海	7.63	24	海　口	7.02
8	西　宁	7.5	25	哈尔滨	6.98
9	昆　明	7.5	26	沈　阳	6.97
10	郑　州	7.38	27	贵　阳	6.94
11	长　春	7.31	28	太　原	6.93
12	重　庆	7.28	29	南　宁	6.91
13	银　川	7.27	30	呼和浩特	6.83
14	广　州	7.26	31	西　安	6.81
15	武　汉	7.2	32	南　昌	6.73
16	天　津	7.19	33	兰　州	6.51
17	大　连	7.17	34	深　圳	6.35

2. 经济发展水平、政府投入对社会保障公众满意度的影响分析

表32列出了34个城市经济发展水平、政府投入水平与社会保障公众满意度平均得分的相关情况。

表32　34个城市经济发展水平、政府投入与社会保障公众满意度得分

城　市	社会保障公众满意度得分	人均GDP（元）	社会保障公众满意度与人均GDP相关	人均社保财政支出（元）	社会保障公众满意度与人均社保财政支出相关
北　京	7.64	90764	Pearson Correlation：0.129	2193.51	Pearson Correlation：−0.022
成　都	7.78	57936.6		336.78	
大　连	7.17	104627.5		1578.11	
福　州	7.16	59287.3	Sig.：0.467	337.2	Sig.：0.902
广　州	7.26	106292.8		1415.66	

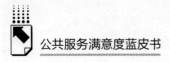

续表

城　市	社会保障公众满意度得分	人均GDP（元）	社会保障公众满意度与人均GDP相关	人均社保财政支出（元）	社会保障公众满意度与人均社保财政支出相关
贵　　阳	6.94	25941	Pearson Correlation：0.129	574.32	Pearson Correlation：－0.022
哈 尔 滨	6.98	34467		427.56	
海　　口	7.02	28861		725.99	
杭　　州	7.71	89696.8	Sig.：0.467	927.52	Sig.：0.902
合　　肥	7.11	58817.8		405.35	
呼和浩特	6.83	83000		869.44	
济　　南	7.03	70628.6		698.02	
昆　　明	7.5	46756.8		760.89	
兰　　州	6.51	30430		566.07	
南　　昌	6.73	59503.4		622.52	
南　　京	7.06	89966.8		726.41	
南　　宁	6.91	37600		441.83	
宁　　波	7.63	85787		599.7	
青　　岛	7.67	83786.9		472.29	
厦　　门	8.38	79779.4		342	
上　　海	7.63	87324.6		2567.11	
深　　圳	6.35	125026		1904.78	
沈　　阳	6.97	82653.8		1317.34	
石 家 庄	7.08	40143.3		230.16	
太　　原	6.93	55013.1		810.44	
天　　津	7.19	99590.2		1398.61	
武　　汉	7.2	81793.6		1098.29	
西　　安	6.81	51599.8		666.99	
西　　宁	7.5	28446		567.45	
银　　川	7.27	38295		639.69	
长　　春	7.31	58701.9		673.13	
长　　沙	7.15	90856.2		652.92	
郑　　州	7.38	64301.9		502.98	
重　　庆	7.28	27367		723.47	

从表32可以看出，各城市公众社会保障公众满意度平均值和各城市的人均GDP的相关系数为0.129，统计显著性为0.467，未达到显著性相关水平。各城市公众社会保障公众满意度平均值和2011年各城市的社会保障人均支出值的相关系数为 −0.022（P = 0.902），未达到显著性相关水平。

3. 影响社会保障公众满意度的个体因素

（1）受访市民的性别与社会保障公众满意度

从表33及图28可以看出，不同性别对社会保障公众满意度的影响不一样，男性对社会保障的满意度，要高于女性群体。相关性统计分析结果显示，性别与房价调控满意度的关系无显著的相关性（P > 0.05）。

表33　受访市民的性别与社会保障公众满意度的关系

性别	均值	样本量	标准差
男	7.2032	12876	2.0639
女	7.1868	11047	2.0013
总计	7.1956	23923	2.0326

注：P > 0.05。

（2）受访市民的年龄与社会保障公众满意度

从表34及图29可以看出，60岁及以上年龄段对社会保障的满意度最高，其次是40~49岁年龄段的市民，50~59岁年龄段的市民对社会保障的满意度较低，18~29岁年龄段的市民满意度最低。这说明60岁及以上年龄段已经在处于退休阶段，他们正在享受社会保障服务，他们对社会保障服务的满意度最高。而50~59年龄段群体正处于退休前的焦虑阶段，对社会保障服

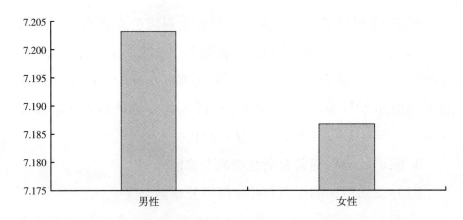

图28 受访市民的性别与社会保障公众满意度的关系

务处于一种即渴望又怀疑的状态，所以他们对社会保障服务的满意度要低于处于退休阶段的群体。

表34 受访市民的年龄与社会保障公众满意度

年龄段	均值	样本量	标准差
18~29 岁	7.1533	11409	1.9663
30~39 岁	7.1886	6493	2.0438
40~49 岁	7.2585	3518	2.1135
50~59 岁	7.2440	1561	2.2725
≥60 岁	7.4898	843	2.1225
缺失		99	
总 计	7.1959	23923	2.1037

注：$P < 0.01$。

相关性统计分析结果显示，年龄与社会保障公众满意度的关系呈显著性相关（$P < 0.01$）。

（3）受访市民的学历与社会保障公众满意度

从表35可以看出，总体上受访市民的学历与社会保障公众

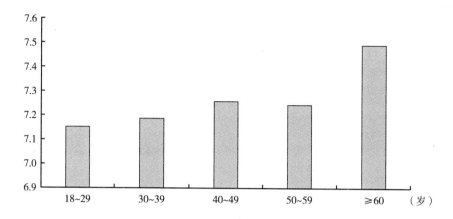

图 29　受访市民的年龄与社会保障公众满意度的关系

满意度呈现负相关关系，即学历越高、对社会保障的满意度越低。具体来说，初中学历群体对社会保障的满意度最高，而大学本科群体对社会保障的满意度最低，这说明高学历者普遍关心社会保障这一牵动全民的民生问题。

表 35　受访市民的学历与社会保障公众满意度

学　历	均值	样本量	标准差
小学及以下	7.3619	865	2.3281
初中	7.5310	3768	2.1975
高中及相关学历	7.3744	6592	2.0654
大专	7.1595	5489	1.9914
大学本科	6.9792	6389	1.8935
研究生	7.2084	820	1.8144
总　计	7.2691	23923	2.0484

注：$P < 0.01$。

为了更好地观察受访市民学历与社会保障公众满意度的关系，我们将之做成了柱形图（见图30）。相关性统计分析结果显示，学历与社会保障公众满意度的关系呈现显著性的负相关（P<0.01）。

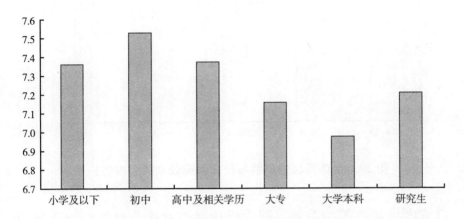

图30　受访市民的学历与社会保障公众满意度的关系

（4）受访市民的收入水平与社会保障公众满意度

从表36及图31可以看出，受访市民的收入水平与社会保障公众满意度的关系呈负相关。总体来看，年收入在150000～199999元的群体，对社会保障的满意度最高；其次依次为40000～59999元、60000～99999元、无固定收入的群体，年收入在50万及以上群体对社会保障的满意度最低。这说明中等收入者的满意度要高于低收入群体、高收入群体。

表36　受访市民的收入水平与社会保障公众满意度

年收入	均值	样本量	标准差
无固定收入	7.2500	4647	1.9276
少于2万元	7.0746	4451	2.1933
20000元～39999元	7.2441	6530	2.0553
40000～59999元	7.3251	3505	1.9930

续表

年收入	均值	样本量	标准差
60000 ~ 99999 元	7.3168	2098	1.9351
100000 ~ 149999 元	7.1672	1088	2.0110
150000 ~ 199999 元	7.4026	251	1.9217
200000 ~ 299999 元	7.0090	205	1.9563
300000 ~ 499999 元	7.0299	129	2.4119
50 万元及以上	6.8788	109	2.3502
拒答		910	
总　计	7.1957	23923	2.0697

注：收入含工资、奖金、红利、股票收入及其他兼职收入；P < 0.01。

相关性统计分析结果显示，年龄与社会保障公众满意度的关系呈显著的负相关，也就是收入越高，对社会保障公众满意度的越低（P < 0.01）。

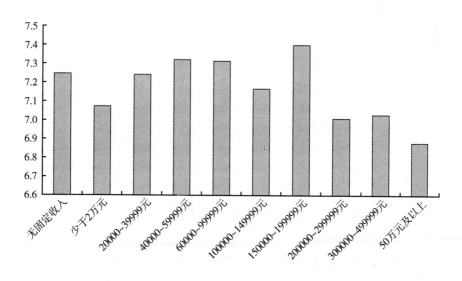

图 31　受访市民的收入水平与社会保障公众满意度的关系

（5）受访市民的党员身份与社会保障公众满意度

从表 37 及图 32 可以看出，受访市民的党员身份与社会保障公众满意度的关系很明显，即党员群体对社会保障的满意度高于非党员群体。

表 37　受访市民的党员身份与社会保障公众满意度

是否中共党员	均值	样本量	标准差
是	7.3747	3846	1.9041
不是	7.2103	20077	2.0578
总计	7.2925	23923	1.9809

注：$P < 0.01$。

相关性统计分析结果显示，是否具有党员身份与社会保障公众满意度的关系呈显著的相关（$P < 0.01$）。

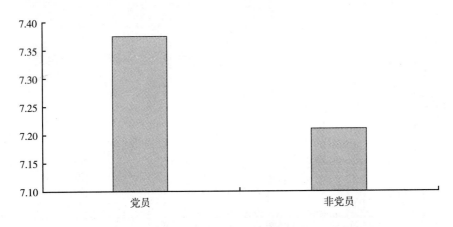

图 32　受访市民的党员身份与社会保障公众满意度

（6）受访市民的居住时间与社会保障公众满意度

相关性统计分析结果显示，居住时间与社会保障公众满意度的关系呈显著相关（P＜0.01），也就是居住时间越长，满意度越高（见图33）。

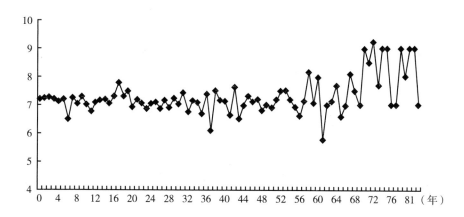

图33 受访市民的居住时间与社会保障公众满意度的关系

（7）受访市民的户籍与社会保障公众满意度

从表38及图34可以看出，具有本地户籍的受访市民对社会保障的满意度要低于本地非户籍群体。出现这一情况，可能是非本地户籍群体一般不在本城市享受社会保障服务，所以对该城市的社会保障情况不了解。

表38 受访市民的户籍与社会保障公众满意度

是否本地户籍	均值	样本量	标准差
是	7.1911	13359	2.0795
不是	7.2909	10564	1.9787
合计	7.2410	23923	2.0291

注：P＜0.01。

相关性统计分析结果显示，户籍与社会保障公众满意度的关系呈显著性的相关（P＜0.01）。

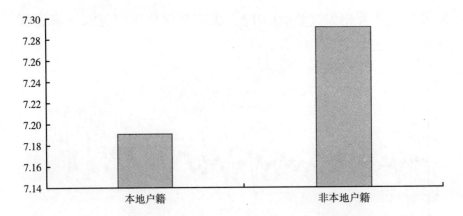

图34　受访市民的户籍与社会保障公众满意度的关系

（8）受访市民的职业与社会保障公众满意度

从表39及图35可以看出，受访市民的职业与社会保障公众满意度的关系比较复杂。总体来看，农、林、牧、渔业对社会保障的满意度最高，其他依次是采掘业，其他职业，制造业，建筑业，学生，国家机关、党政机关社会团体，退休，交通运输、仓储及邮电通信业，批发零售和贸易、餐饮业，电力、煤气及水的生产和供应业，卫生、体育和社会福利业，社会服务业，无业，房地产业，教育、文化广播电视业，金融、保险业，科学研究及综合技术服务业等，地质勘查业、水利管理业对社会保障的满意度最低。

表39　受访市民的职业与社会保障公众满意度的关系

职业（行业）	均值	样本量	标准差
农、林、牧、渔业	7.6478	828	2.1353
采掘业	7.4074	57	1.9466
制造业	7.3830	2500	2.0709
电力、煤气及水的生产和供应业	7.2271	386	1.8306
建筑业	7.3442	1869	2.0599
地质勘查业、水利管理业	6.9091	65	2.0366

续表

职业（行业）	均值	样本量	标准差
交通运输、仓储及邮电通信业	7.2525	1081	2.0467
批发和零售贸易、餐饮业	7.2509	2933	2.0589
金融、保险业	6.9877	832	2.0974
房地产业	7.0343	352	1.9536
社会服务业	7.1752	3095	2.0885
卫生、体育和社会福利业	7.2117	616	2.0847
教育、文化艺术及广播电影电视业	7.0112	1271	1.9192
科学研究和综合技术服务业	6.9540	545	2.0489
国家机关、政党机关和社会团体	7.2848	549	2.0227
学生	7.3075	2904	1.6883
退休	7.2529	822	2.0730
无业或失业	7.0846	2218	2.2241
其他	7.3950	1000	2.0833
合　计	7.2168	23923	2.0247

注：P＜0.01。

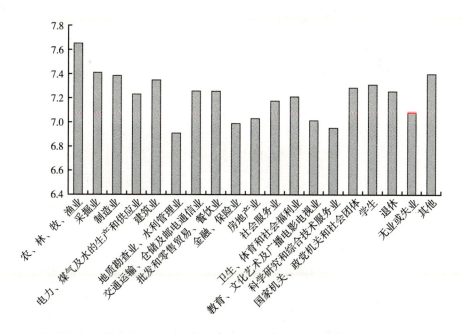

图35　受访市民的职业与社会保障公众满意度的关系

相关性统计分析结果显示，受访市民的职业与社会保障公众满意度的关系为显著性的相关（P＜0.01）。

（9）受访市民的单位性质与社会保障公众满意度

从表40及图36可以看出，受访市民的单位性质与社会保障公众满意度的关系比较复杂。总体来看，单位性质为国有企业的受访市民对社会保障的满意度最高，其他依次是合资、外资、私营、其他等性质单位。

表40　受访市民的单位性质与社会保障公众满意度的关系

单位性质	均值	样本量	标准差
国　　有	7.2196	4471	1.9944
私　　营	7.1570	10987	2.0833
外　　资	7.1630	867	1.9373
合　　资	7.2184	1121	2.0824
其　　他	7.1219	541	2.2906
拒　　答		5936	
合　　计	7.1760	23923	2.0575

注：P＜0.01。

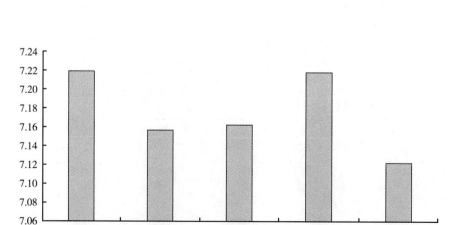

图36　受访市民的单位性质与社会保障公众满意度的关系

相关性统计分析结果显示，受访市民的单位性质与社会保障公众满意度的关系呈显著性的相关（P<0.01）。

五 社会治安公众满意度评价

1. 综合排名情况

为了解 34 个城市社会治安公众满意度状况，本研究设置如下问题"您给所在城市的社会治安工作打几分?"请受访者从 0 到 10 打分，0 分表示最低分，10 分表示最高分。总体而言，社会治安满意度得分总平均值为 7.07，在 9 项公共服务测量指标中排名第六，可见被调查城市的居民对所在城市的社会治安不怎么满意。

按照社会治安满意度得分对 34 个被调查城市进行排名（见表41），社会治安公众满意度最高的是厦门，得分为 8.46，领先优势非常明显；紧随其后的分别是上海（8.18 分）、北京（8.10 分）、成都（7.89 分）、杭州（7.83 分）、郑州（7.70 分）、济南（7.66分）、大连（7.52 分）、长春（7.50 分）、南京（7.46 分）。可见，在排名前十位的城市中，东部沿海城市占据多数。而石家庄、太原、海口、西安、南宁、深圳、南昌、兰州、呼和浩特、贵阳等城市排在最后几位，这些城市大多处于中西部地区。

表41 34 个城市社会治安公众满意度排名

排名	城 市	得分	排名	城 市	得分
1	厦 门	8.46	18	天 津	7.07
2	上 海	8.18	19	沈 阳	7.05
3	北 京	8.10	20	银 川	7.04
4	成 都	7.89	21	广 州	7.02

续表

排名	城　市	得分	排名	城　　市	得分
5	杭　州	7.83	22	合　肥	6.94
6	郑　州	7.70	23	长　沙	6.79
7	济　南	7.66	24	福　州	6.75
8	大　连	7.52	25	石　家　庄	6.57
9	长　春	7.50	26	太　原	6.51
10	南　京	7.46	27	海　口	6.39
11	重　庆	7.45	28	西　安	6.38
12	青　岛	7.40	29	南　宁	6.34
13	哈　尔　滨	7.40	30	深　圳	6.28
14	宁　波	7.36	31	南　昌	6.09
15	昆　明	7.33	32	兰　州	6.06
16	西　宁	7.25	33	呼和浩特	5.9
17	武　汉	7.09	34	贵　阳	5.77

2. 经济发展水平、政府投入对社会治安公众满意度的影响分析

表42列出了34个城市经济发展水平、政府投入水平与各城市社会治安公众满意度平均得分的相关情况。

表42　各城市经济发展水平、政府投入与社会治安满意度得分

城　　市	社会治安满意度得分	人均GDP（元）	社会治安满意度与人均GDP相关性	人均社保支出(元)	社会治安满意度与人均社会治安财政支出相关性
北　京	8.1	90764	Pearson Correlation：0.296	1045.3	Pearson Correlation：0.294
成　都	7.89	57936.6		421.8	
大　连	7.52	104627.5	Sig.：0.089	471.84	Sig.：0.092
福　州	6.75	59287.3		299.79	
广　州	7.02	106292.8		1382.3	
贵　阳	5.77	25941		395.2	

续表

城 市	社会治安满意度得分	人均GDP（元）	社会治安满意度与人均GDP相关性	人均社保支出（元）	社会治安满意度与人均社会治安财政支出相关性
哈 尔 滨	7.4	34467	Pearson Correlation：0.296	330.77	Pearson Correlation：0.294
海 口	6.39	28861		559.43	
杭 州	7.83	89696.8		603.51	
合 肥	6.94	58817.8	Sig.：0.089	271.77	Sig.：0.092
呼和浩特	5.9	83000		456.14	
济 南	7.66	70628.6		421.25	
昆 明	7.33	46756.8		508.8	
兰 州	6.06	30430		406.54	
南 昌	6.09	59503.4		288.23	
南 京	7.46	89966.8		666.01	
南 宁	6.34	37600		285.18	
宁 波	7.36	85787		776.15	
青 岛	7.4	83786.9		445.46	
厦 门	8.46	79779.4		429.89	
上 海	8.18	87324.6		1325.8	
深 圳	6.28	125026		778.05	
沈 阳	7.05	82653.8		529.87	
石 家 庄	6.57	40143.3		216.71	
太 原	6.51	55013.1		424.41	
天 津	7.07	99590.2		862.26	
武 汉	7.09	81793.6		513.47	
西 安	6.38	51599.8		297.17	
西 宁	7.25	28446		256.34	
银 川	7.04	38295		457.74	
长 春	7.5	58701.9		300.16	
长 沙	6.79	90856.2		358.76	
郑 州	7.7	64301.9		291.14	
重 庆	7.45	27367		299.23	

各城市公众社会治安满意度平均值和各城市的人均 GDP 的相关系数为 0.296，统计显著性为 0.089（P > 0.05），二者不存在相关关系。

3. 影响社会治安公众满意度的个体因素

（1）受访市民的性别与社会治安公众满意度

从表 43 和图 37 可以看出，不同性别对社会治安公众满意度的影响不一样，男性对社会治安的满意度，要高于女性群体。相关性统计分析结果显示，性别与社会治安满意度的关系呈显著相关（P < 0.01）

表 43   受访市民的性别与社会治安公众满意度的关系

性别	均值	样本量	标准差
男	7.1615	12876	2.1501
女	6.9773	11047	2.0077
总计	7.0694	23923	2.0789

注：P < 0.01。

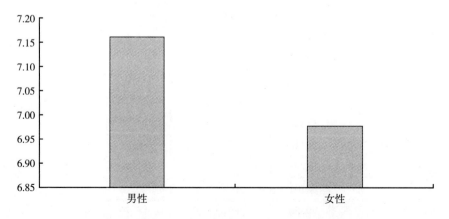

图 37   受访市民的性别与社会治安公众满意度的关系

（2）受访市民的年龄与社会治安公众满意度

从表44和图38可以看出，60岁及以上年龄段对社会治安的满意度最高，其次是40~49岁年龄段的市民，而18~29岁年龄段的市民对社会治安的满意度最低，30~39岁年龄段的市民的满意度也较低。这说明60岁及以上年龄段处于老龄化阶段，他们对社会治安的体会最多，所以他们对社会治安的满意度最高。而18~29年龄段群体正好相反，他们对社会治安的满意度最低。

表44　受访市民的年龄与社会治安公众满意度

年龄段	均值	样本量	标准差
18~29岁	6.8592	11409	2.1113
30~39岁	7.2168	6493	2.0306
40~49岁	7.3486	3518	2.0475
50~59岁	7.2850	1561	2.0677
≥60岁	7.4000	843	2.0764
缺失		99	
总　计	7.2219	23923	2.0667

注：P < 0.01。

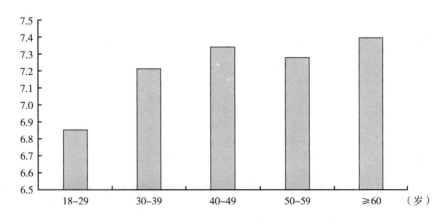

图38　受访市民的年龄与社会治安公众满意度的关系

（3）受访市民的学历与社会治安公众满意度

从表45和图39可看出，总体上受访市民的学历与社会治安满意度呈现相关关系，即学历越高、对社会治安的满意度越高。具体来说，研究生群体对社会治安的满意度最高，而大学专科群体对社会治安的满意度最低，这说明高学历者普遍关心社会治安这一问题。

表45 受访市民的学历与社会治安公众满意度

学 历	均值	样本量	标准差
小学及以下	7.1464	865	2.3244
初中	7.1004	3768	2.2123
高中及相关学历	7.0212	6592	2.1464
大专	6.9830	5489	2.0527
大学本科	7.1196	6389	1.9669
研究生	7.5670	820	1.8051
总 计	7.1563	23923	2.0846

注：$P < 0.01$。

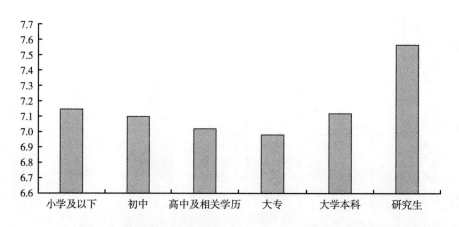

图39 受访市民的学历与社会治安公众满意度的关系

（4）受访市民的收入水平与社会治安公众满意度

从表46和图40可以看出，受访市民的收入水平与社会治安满意度呈显著性相关关系（P＜0.01）。总体来看，年收入在60000～99999元的群体，对社会治安的满意度最高；其次依次为年收入在150000～199999元、40000～59999元、20000～39999元的群体及无固定收入群体，少于2万元的群体对社会治安的满意度最低。这说明中等收入者的满意度要高于低收入群体、高收入群体。

表46　受访市民的收入水平与社会治安公众满意度的关系

年收入	均值	样本量	标准差
无固定收入	6.8850	4647	2.0570
少于2万元	6.8151	4451	2.1643
20000元～39999元	7.0805	6530	2.0877
40000～59999元	7.2655	3505	2.0444
60000～99999元	7.4060	2098	1.9647
100000～149999元	7.2124	1088	2.0882
150000～199999元	7.2883	251	2.2325
200000～299999元	6.8684	205	2.1678
300000～499999元	6.8636	129	2.6070
50万元及以上	6.8154	109	2.3972
拒答		910	
总　　计	7.0899	23923	2.1537

注：收入含工资、奖金、红利、股票收入及其他兼职收入，P＜0.01。

（5）受访市民的党员身份与社会治安公众满意度

从表47和图41可以看出，受访市民的党员身份与社会治安满意度的关系很明显，即党员群体对社会治安的满意度高于非党员群体。

129

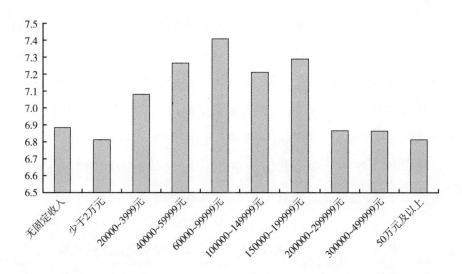

图 40　受访市民的收入水平与社会治安公众满意度的关系

表 47　受访市民的党员身份与社会治安公众满意度的关系

是否中共党员	均值	样本量	标准差
是	7.2330	3846	2.0322
不是	7.0452	20077	2.0955
总计	7.1391	23923	2.0638

注：P < 0.01。

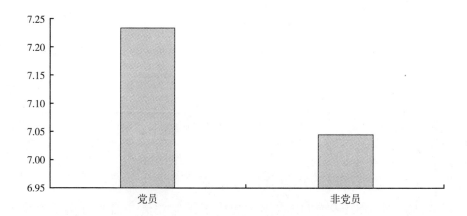

图 41　受访市民的党员身份与社会治安公众满意度的关系

（6）受访市民的居住时间与社会治安公众满意度

相关性统计分析结果显示，居住时间与社会治安满意度的关系呈显著的相关性（P < 0.01）。为了更好地观察受访市民居住时间与社会治安公众满意度的关系，我们将之做成了折线图（见图42）。

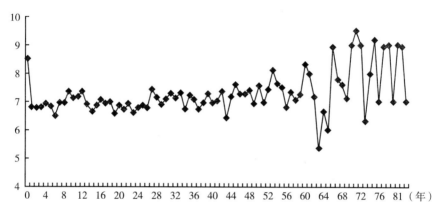

图42 受访市民的居住时间与社会治安满意度的关系

（7）受访市民的户籍与社会治安公众满意度

从表48和图43可以看出，受访市民的户籍与社会治安满意度的关系非常明显，即本地户籍群体对社会治安的满意度要高于非本地户籍群体。非本地户籍群体的安全状况往往处于不稳定状态，他们对社会治安满意度较低可想而知。

表48 受访市民的户籍与社会治安公众满意度

是否本地户籍	均值	样本量	标准差
是	7.0920	13359	2.0638
不是	7.0555	10564	2.1130
合计	7.0737	23923	2.0884

注：P < 0.01。

相关性统计分析结果显示，户籍与社会治安满意度的关系呈显著性的相关（P＜0.01）。为了更好地观察受访市民居住时间与社会治安公众满意度的关系，我们将之做成了柱形图（见图43）。

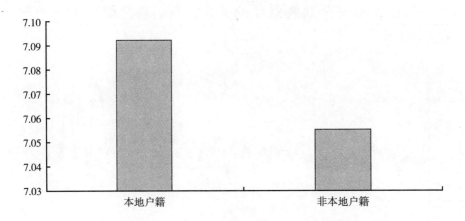

图43　受访市民的户籍与社会治安公众满意度的关系

（8）受访市民的职业与社会治安公众满意度

从表49和图44可以看出，受访市民的职业与社会治安满意度的关系比较复杂。总体来看，其他职业对社会治安的满意度最高，然后依次是国家机关、党政机关社会团体，科学研究及综合技术服务业，金融、保险业，教育、文化艺术及广播电影电视业，建筑业，退休，制造业，交通运输、仓储邮电通信业，房地产业，社会服务业，卫生、体育社会福利业，地质勘查业，水利管理业，农、林、牧、渔业，批发和零售贸易餐饮业，电力、煤气及水的生产和供应业，学生，无业等，采掘业对社会治安的满意度最低。

相关性统计分析结果显示，受访市民的职业与社会治安满意度的关系呈无显著性的相关性（P＞0.05）。为了更好地观察受访市民的职业与社会治安公众满意度的关系，我们将之做成了柱形图（见图44）。

表 49　受访市民的职业与社会治安公众满意度

职业（行业）	均值	样本量	标准差
农、林、牧、渔业	7.0141	828	2.2371
采掘业	6.3214	57	2.3579
制造业	7.2169	2500	2.0467
电力、煤气及水的生产和供应业	6.8952	386	1.9634
建筑业	7.2250	1869	2.0987
地质勘查业、水利管理业	7.0286	65	1.9627
交通运输、仓储及邮电通信业	7.1483	1081	2.2909
批发和零售贸易、餐饮业	6.9489	2933	2.1368
金融、保险业	7.2536	832	1.8722
房地产业	7.1084	352	2.1773
社会服务业	7.0612	3095	2.1286
卫生、体育和社会福利业	7.0360	616	2.0498
教育、文化艺术及广播电影电视业	7.2435	1271	1.8761
科学研究和综合技术服务业	7.2848	545	1.9826
国家机关、政党机关和社会团体	7.3236	549	1.9253
学生	6.8895	2904	1.9604
退休	7.2177	822	2.0210
无业或失业	6.7465	2218	2.2008
其他	7.4937	1000	2.1253
合　计	7.0767	23923	2.0744

注：$P > 0.05$。

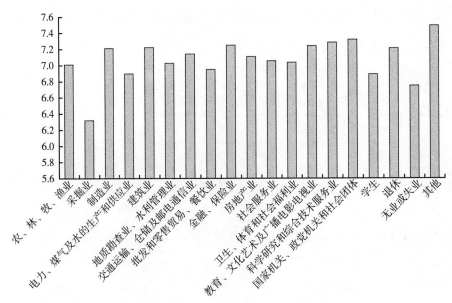

图44 受访市民的职业与社会治安公众满意度的关系

（9）受访市民的单位性质与社会治安公众满意度

从表50和图45可以看出，受访市民的单位性质与社会治安满意度的关系，呈现中间低、两头高的情况。总体来看，国有企业对社会治安的满意度最高，其他依次是合资、其他、私营、外资等性质单位。

表50 受访市民的单位性质与社会治安公众满意度

单位性质	均值	样本量	标准差
国　　有	7.2045	4471	1.9930
私　　营	7.1120	10987	2.1243
外　　资	7.0586	867	2.0703
合　　资	7.1700	1121	2.0560
其　　他	7.1575	541	2.2770
拒　　答		5936	
合　　计	7.2045	23923	2.0978

注：P<0.05。

相关性统计分析结果显示，受访市民的单位性质与社会治安满意度的关系呈显著性的相关性（P < 0.05）。为了更好地观察受访市民的单位性质与社会治安公众满意度的关系，我们将之做成了柱形图（见图 45）。

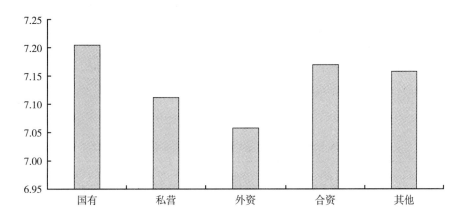

图45 受访市民的单位性质与社会治安公众满意度的关系

六 基础设施公众满意度评价

1. 综合排名情况

为了解 34 个城市基础设施公众满意度状况，本研究设置如下问题"您给所在城市的基础设施（如桥梁、道路、医院、学校、公共事业等）打几分？"请受访者从 0 到 10 打分，0 分表示最低分，10 分表示最高分。总体而言，基础设施公众满意度得分总平均值为 7.2，在 9 项公共服务测量指标中排名第 2，可见被调查城市的居民对所在城市的基础设施比较满意。

按照基础设施公众满意度得分对 34 个被调查城市进行排名

（见表51），基础设施公众满意度最高的是厦门，得分为8.7，领先优势非常明显；紧随其后的分别是上海（8.39分）、北京（8.14分）、成都（8.05分）、郑州（7.69分）、广州（7.68分）、昆明（7.59分）、哈尔滨（7.57分）、武汉（7.56分）、青岛（7.52分）。可见，在排名前十位的城市中，东部沿海城市占据5位，与中西部城市平分秋色。而深圳、南宁、海口、太原、沈阳、贵阳、长春、南昌、兰州、呼和浩特等排在最后几位的城市，以中西部城市居多。

表51　34个城市基础设施公众满意度排名

排名	城　　市	得分	排名	城　　市	得分
1	厦　　门	8.70	18	南　　京	7.22
2	上　　海	8.39	19	大　　连	7.21
3	北　　京	8.14	20	济　　南	7.14
4	成　　都	8.05	21	长　　沙	7.14
5	郑　　州	7.69	22	福　　州	7.08
6	广　　州	7.68	23	西　　安	7.04
7	昆　　明	7.59	24	石　家　庄	7.02
8	哈　尔　滨	7.57	25	深　　圳	6.92
9	武　　汉	7.56	26	南　　宁	6.83
10	青　　岛	7.52	27	海　　口	6.79
11	杭　　州	7.48	28	太　　原	6.75
12	宁　　波	7.48	29	沈　　阳	6.75
13	西　　宁	7.47	30	贵　　阳	6.73
14	重　　庆	7.47	31	长　　春	6.67
15	天　　津	7.34	32	南　　昌	6.49
16	银　　川	7.34	33	兰　　州	5.96
17	合　　肥	7.24	34	呼和浩特	5.87

2. 经济发展水平、政府投入对基础设施公众满意度的影响分析

表52列出了34个城市经济发展水平、政府投入水平与基础设施公众满意度平均得分的相关情况。

表52　各城市经济发展水平、政府投入与基础设施公众满意度得分

城　　　市	基础设施公众满意度得分	人均GDP（元）	基础设施公众满意度与人均GDP相关性	人均基础设施支出（元）	基础设施公众满意度与人均基础设施财政支出相关性
北　　京	8.14	90764	Pearson Correlation：0.242	1904.7	Pearson Correlation：0.353
成　　都	8.05	57936.6		776.59	
大　　连	7.21	104627.5		1132.6	
福　　州	7.08	59287.3	Sig.：0.169	471.53	Sig.：0.041
广　　州	7.68	106292.8		1393.1	
贵　　阳	6.73	25941		534.65	
哈　尔　滨	7.57	34467		504.07	
海　　口	6.79	28861		844.94	
杭　　州	7.48	89696.8		1108.1	
合　　肥	7.24	58817.8		622.36	
呼和浩特	5.87	83000		1001.3	
济　　南	7.14	70628.6		852.76	
昆　　明	7.59	46756.8		672.68	
兰　　州	5.96	30430		678.35	
南　　昌	6.49	59503.4		460.3	
南　　京	7.22	89966.8		1053.6	
南　　宁	6.83	37600		509.94	
宁　　波	7.48	85787		1450.9	
青　　岛	7.52	83786.9		1056.5	
厦　　门	8.7	79779.4		572.1	
上　　海	8.39	87324.6		1600.3	
深　　圳	6.92	125026		975.65	

城　　市	基础设施公众满意度得分	人均GDP（元）	基础设施公众满意度与人均GDP相关性	人均基础设施支出（元）	基础设施公众满意度与人均基础设施财政支出相关性
沈　　阳	6.75	82653.8	Pearson Correlation：0.242	931.25	Pearson Correlation：0.353
石　家　庄	7.02	40143.3		354.12	
太　　原	6.75	55013.1		540.48	
天　　津	7.34	99590.2	Sig.：0.169	995.8	Sig.：0.041
武　　汉	7.56	81793.6		841.34	
西　　安	7.04	51599.8		579.23	
西　　宁	7.47	28446		675.93	
银　　川	7.34	38295		785.24	
长　　春	6.67	58701.9		679.67	
长　　沙	7.14	90856.2		936.27	
郑　　州	7.69	64301.9		633.16	
重　　庆	7.47	27367		514.38	

　　从表52可以看出，各城市基础设施公众满意度平均值和各城市的人均GDP的相关系数为0.242，统计显著性为0.169，未达到显著性相关水平。各城市基础设施公众满意度平均值和2011年各城市的基础设施人均支出值呈显著性的相关系数为0.353（P＜0.05）。也就是说，当地民众对基础设施的满意度，受到当地政府前一年的基础设施支出的正向影响，即基础设施财政支出越多，满意度越高；不受到地区经济发展水平的影响。

3. 影响基础设施公众满意度的个体因素

（1）受访市民的性别与基础设施公众满意度

　　从表53可以看出，不同性别对基础设施公众满意度的影响不一样，男性对基础设施的满意度，要高于女性群体。相关性分析统计结果显示，性别与基础设施公众满意度的关系呈显著性相关（P＜0.01）。

表53　受访市民的性别与基础设施公众满意度的关系

性别	均值	样本量	标准差
男	7.2814	12876	1.9665
女	7.1541	11047	1.8672
总计	7.2178	23923	1.9168

注：P＜0.01。

为了更好地观察性别与基础设施公众满意度的关系，我们将之做成了柱形图（见图46）。从图46可以看出，受访市民中，男性群体对基础设施的满意度显著高于女性群体。

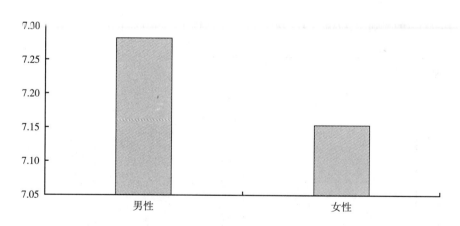

图46　受访市民的性别与基础设施公众满意度的关系

（2）受访市民的年龄与基础设施公众满意度的关系

从表54和图47可以看出，60岁及以上年龄段对基础设施的满意度最高，其次是40～49岁年龄段的市民，而18～29岁年龄段的市民对基础设施的满意度最低，30～39岁年龄段市民的满意度也较低。这说明60岁及以上年龄段处于老龄化阶段，他们对基础设施变化和进步的体会最多，所以他们对基础设施服务的满意度最高。而18～29岁年龄段群体正好相反，所以他们对基础设施服务的满意度最低。相关性分析统计结果显示，年龄与基础设施公众满意度的关系呈显著性的正相关（P<0.01）。

表54　受访市民的年龄与基础设施公众满意度的关系

年龄段	均值	样本量	标准差
18～29岁	7.1748	11409	1.8952
30～39岁	7.2530	6493	1.9117
40～49岁	7.2877	3518	1.9778
50～59岁	7.2157	1561	2.0217
≥60岁	7.3690	843	1.9370
缺失	99		
总　计	7.2600	23923	1.9487

注：P<0.01。

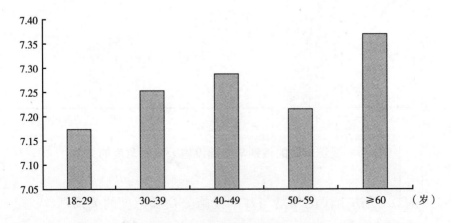

图47　受访市民的年龄与基础设施公众满意度的关系

（3）受访市民的学历与基础设施公众满意度

从表 55 和图 48 可以看出，总体上受访市民的学历与基础设施公众满意度呈现负相关关系，即学历越高，对基础设施的满意度越低。具体来说，初中群体对基础设施的满意度最高，而大学本科群体对基础设施的满意度最低，这说明高学历者普遍关心基础设施这一问题。相关性分析统计结果显示，学历与基础设施公众满意度的关系呈显著性的负相关（P<0.01）。

表 55　受访市民的学历与基础设施公众满意度的关系

学　历	均值	样本量	标准差
小学及以下	7.3007	865	2.1731
初中	7.4193	3768	1.9775
高中及相关学历	7.2773	6592	1.9057
大专	7.1618	5489	1.8987
大学本科	7.0882	6389	1.8863
研究生	7.2268	820	1.8725
总　计	7.2457	23923	1.9523

注：P<0.01。

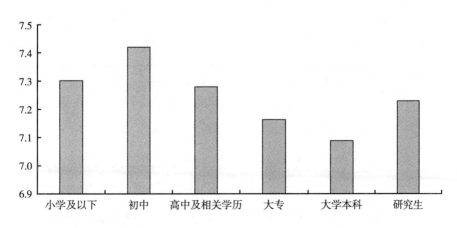

图 48　受访市民的学历与基础设施公众满意度的关系

（4）受访市民的收入水平与基础设施公众满意度

从表56和图49可以看出，受访市民的收入水平与基础设施公众满意度未发现显著性相关关系。总体来看，年收入在60000～99999元的群体，对基础设施的满意度最高；其次依次为无固定收入群体、年收入在40000～59999元、20000～39999元、150000～199999元等群体，年收入在300000～499999元的群体对基础设施的满意度最低。相关性分析统计结果显示，年龄与基础设施公众满意度的关系无显著性的相关关系（$P > 0.05$）。

表56 受访市民的收入水平与基础设施公众满意度的关系

年收入	均值	样本量	标准差
无固定收入	7.2473	4647	1.8632
少于2万元	7.1147	4451	1.9835
20000元～39999元	7.2314	6530	1.9360
40000～59999元	7.2378	3505	1.8864
60000～99999元	7.3124	2098	1.8612
100000～149999元	7.0848	1088	2.0112
150000～199999元	7.2160	251	2.1080
200000～299999元	7.0263	205	1.9843
300000～499999元	6.7000	129	2.4038
50万元及以上	6.8551	109	2.2313
拒答		910	
总　计	7.1439	23923	2.0019

注：收入含工资、奖金、红利、股票收入及其他兼职收入；$P > 0.05$。

（5）受访市民的党员身份与基础设施公众满意度

从表57和图50可以看出，受访市民的党员身份与基础设施公众满意度的关系很明显，即党员群体对基础设施的满意度高于非党员群体。相关性分析统计结果显示，是否具有党员身份与基础设施公众满意度的关系呈显著性相关（$P < 0.05$）。

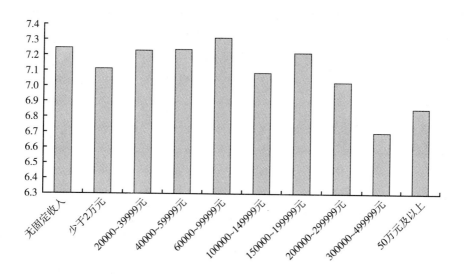

图49 受访市民的收入水平与基础设施公众满意度的关系

表57 受访市民的党员身份与基础设施公众满意度的关系

是否中共党员	均值	样本量	标准差
是	7.2418	3846	1.9064
不是	7.2181	20077	1.9246
总计	7.2300	23923	1.9155

注：$P < 0.05$。

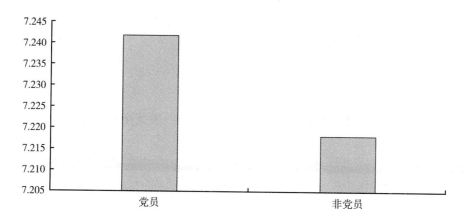

图50 受访市民的党员身份与基础设施公众满意度的关系

（6）受访市民的居住时间与基础设施公众满意度

由图51可知，受访市民居住时间与基础设施公众满意度的关系呈显著的正相关（P < 0.05）。

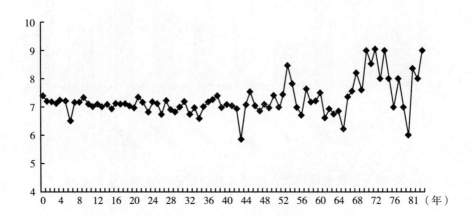

图51 受访市民的居住时间与基础设施公众满意度的关系

（7）受访市民的户籍与基础设施公众满意度

从表58和图52可以看出，受访市民的户籍与基础设施公众满意度的关系很明显，即非户籍群体对基础设施的满意度要高于户籍群体。相关性分析统计结果显示，户籍与基础设施公众满意度的关系呈显著性的相关（P < 0.01）。

（8）受访市民的职业与基础设施公众满意度

表58 受访市民的户籍与基础设施公众满意度的关系

是否本地户籍	均值	样本量	标准差
是	7.1218	13359	1.9421
不是	7.3394	10564	1.8908
合计	7.2306	23923	1.9165

注：P < 0.01。

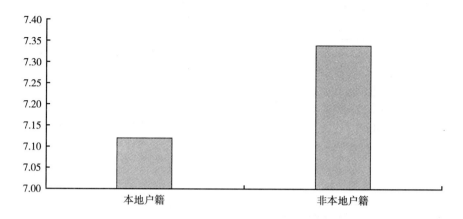

图52 受访市民的户籍与基础设施公众满意度的关系

从表59和图53可以看出，受访市民的职业与基础设施公众满意度的关系如下。总体来看，其他职业对基础设施的满意度最高，然后依次是制造业，建筑业，农、林、牧、渔业，学生，社会服务业，电力、煤气及水的生产和供应业，国家机关、党政机关及社会团体，交通运输、仓储及邮电通信业，批发和零售贸易、餐饮业，退休，房地产业，教育、文化艺术及广播电影电视业，金融保险业，卫生、体育和社会福利业，采掘业，无业，科学研究及综合技术服务业等，地质勘查业水利管理业对基础设施的满意度最低。相关性分析统计结果显示，受访市民的职业与基础设施公众满意度的关系无显著性的相关关系（$P > 0.05$）。

表59 受访市民的职业与基础设施公众满意度的关系

职业（行业）	均值	样本量	标准差
农、林、牧、渔业	7.3090	828	1.9979
采掘业	7.0714	57	1.7623
制造业	7.4047	2500	1.8972
电力、煤气及水的生产和供应业	7.2028	386	1.9329

145

续表

职业（行业）	均值	样本量	标准差
建筑业	7.3243	1869	1.9771
地质勘查业、水利管理业	6.9714	65	1.7738
交通运输、仓储及邮电通信业	7.1617	1081	2.0320
批发和零售贸易、餐饮业	7.1560	2933	1.9189
金融、保险业	7.0801	832	1.8369
房地产业	7.1214	352	1.9975
社会服务业	7.2042	3095	1.9875
卫生、体育和社会福利业	7.0799	616	1.8242
教育、文化艺术及广播电影电视业	7.1152	1271	1.8067
科学研究和综合技术服务业	7.0000	545	1.9037
国家机关、政党机关和社会团体	7.1759	549	1.9840
学生	7.3009	2904	1.7292
退休	7.1501	822	1.9798
无业或失业	7.0222	2218	2.0396
其他	7.7342	1000	1.7953
合　计	7.1887	23923	1.9040

注：$P > 0.05$。

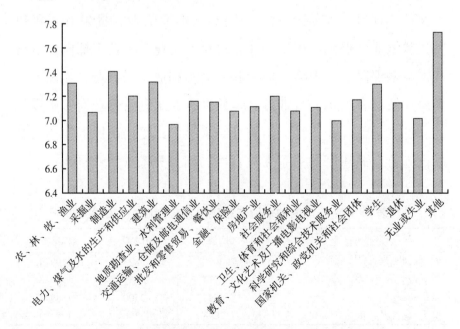

图53　受访市民的职业与基础设施公众满意度的关系

（9）受访市民的单位性质与基础设施公众满意度

从表 60 和图 54 可以看出，经过相关性分析统计结果显示，受访市民的单位性质与基础设施公众满意度的关系未有显著性的相关（P > 0.05）。

表 60　受访市民的单位性质与基础设施公众满意度的关系

单位性质	均值	样本量	标准差
国　有	7.1616	4471	1.9080
私　营	7.2570	10987	1.9433
外　资	7.1670	867	1.8869
合　资	7.2662	1121	1.9362
其　他	7.5476	541	1.9439
拒　答		5936	
合　计	7.2626	23923	1.9178

注：P > 0.05。

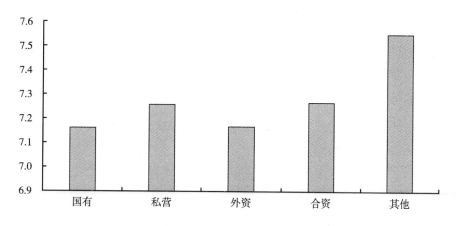

图 54　受访市民的单位性质与基础设施公众满意度的关系

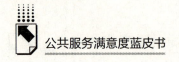

七 环境保护公众满意度评价

1. 综合排名情况

为了解 34 个城市环境保护公众满意度状况，本研究设置如下问题"您给所在城市的环境保护工作打几分？"请受访者从 0 到 10 打分，0 分表示最低分，10 分表示最高分。总体而言，环境保护公众满意度得分总平均值为 7.02，在 9 项公共服务测量指标中排名倒数第 3 位，可见被调查城市的居民对所在城市的环境保护很不满意。

按照环境保护公众满意度得分对 34 个被调查城市进行排名（见表 61），环境保护公众满意度最高的是厦门，得分为 8.69，领先优势非常明显；紧随其后的分别是杭州（8.00 分）、成都（7.95 分）、西宁（7.85 分）、大连（7.73 分）、昆明（7.64 分）、上海（7.53 分）、青岛（7.53 分）、银川（7.50 分）和南宁（7.48 分）。可见，在排名前十位的城市中，东部沿海城市只占据 5 位，说明在环境保护上，东部城市并不见得比西部城市做的好。而济南、福州、南京、武汉、石家庄、沈阳、太原、南昌、呼和浩特、兰州等排在最后十位的城市，也呈现出相同的情况，即与中西部城市相比，东部城市的环境保护状况没有明显优势。

表 61 34 个城市环境保护公众满意度排名

排名	城　市	得分	排名	城　市	得分
1	厦　门	8.69	4	西　宁	7.85
2	杭　州	8.00	5	大　连	7.73
3	成　都	7.95	6	昆　明	7.64

续表

排名	城 市	得分	排名	城 市	得分
7	上 海	7.53	21	合 肥	6.78
8	青 岛	7.53	22	天 津	6.74
9	银 川	7.50	23	深 圳	6.69
10	南 宁	7.48	24	西 安	6.65
11	宁 波	7.37	25	济 南	6.64
12	北 京	7.25	26	福 州	6.63
13	重 庆	7.22	27	南 京	6.52
14	长 春	7.14	28	武 汉	6.48
15	广 州	7.09	29	石 家 庄	6.46
16	贵 阳	7.06	30	沈 阳	6.40
17	海 口	6.99	31	太 原	6.36
18	长 沙	6.91	32	南 昌	6.14
19	郑 州	6.85	33	呼和浩特	6.03
20	哈 尔 滨	6.79	34	兰 州	5.55

2. 经济发展水平、政府投入对环境保护公众满意度的影响分析

表62列出了34个城市经济发展水平、政府投入水平与环境保护公众满意度平均得分的相关情况。

表62　各城市经济发展水平、政府投入水平与环境保护公众满意度得分

城 市	环境保护公众满意度得分	人均GDP（元）	环境保护公众满意度与人均GDP相关性	人均环境保护财政支出（元）	环境保护公众满意度与人均环境保护财政支出相关性
北 京	7.25	90764	Pearson Correlation: 0.068	483.81	Pearson Correlation: 0.121
成 都	7.95	57937		220.5	
大 连	7.73	104628		191.57	
福 州	6.63	59287	Sig. :0.701	66.433	Sig. :0.496

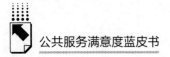

续表

城　　市	环境保护公众满意度得分	人均GDP（元）	环境保护公众满意度与人均GDP相关性	人均环境保护财政支出（元）	环境保护公众满意度与人均环境保护财政支出相关性
广　　州	7.09	106293	Pearson Correlation：0.068	301.76	Pearson Correlation：0.121
贵　　阳	7.06	25941		202.32	
哈 尔 滨	6.79	34467		149.11	
海　　口	6.99	28861	Sig. :0.701	219.51	Sig. :0.496
杭　　州	8	89697		201.17	
合　　肥	6.78	58818		140.21	
呼和浩特	6.03	83000		282.74	
济　　南	6.64	70629		189.16	
昆　　明	7.64	46757		440.16	
兰　　州	5.55	30430		133.84	
南　　昌	6.14	59503		67.9	
南　　京	6.52	89967		131.4	
南　　宁	7.48	37600		113.16	
宁　　波	7.37	85787		337.72	
青　　岛	7.53	83787		168.71	
厦　　门	8.69	79779		111.69	
上　　海	7.53	87325		195.45	
深　　圳	6.69	125026		282.37	
沈　　阳	6.4	82654		147.36	
石 家 庄	6.46	40143		215.34	
太　　原	6.36	55013		224.94	
天　　津	6.74	99590		275.16	
武　　汉	6.48	81794		126.6	
西　　安	6.65	51600		70.616	
西　　宁	7.85	28446		94.034	
银　　川	7.5	38295		78.533	
长　　春	7.14	58702		200.4	
长　　沙	6.91	90856		128.53	
郑　　州	6.85	64302		98.663	
重　　庆	7.22	27367		210.68	

从表62可知，各城市环境保护公众满意度得分和各城市人均GDP的相关系数为0.068，统计显著性为0.701，未达到显著性相关水平。各城市环境保护公众满意度得分平均值和环境保护人均财政支出的相关系数为0.121，统计显著性为0.496，未达到显著性相关水平。

3. 影响环境保护公众满意度的个体因素

（1）受访市民的性别与环境保护公众满意度

从表63和图55可以看出，不同性别对环境保护公众满意度的影响不一样，男性对环境保护的满意度，要略高于女性群体。相关性统计分析结果显示，性别与环境保护公众满意度的呈显著的相关关系（P<0.01）。

表63　受访市民的性别与环境保护公众满意度的关系

性别	均值	样本量	标准差
男	7.0860	12876	2.2299
女	7.0730	11047	2.0723
总计	7.0795	23923	2.1511

注：P<0.01。

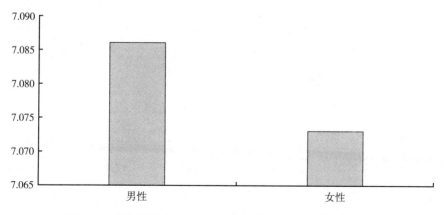

图55　受访市民的性别与环境保护公众满意度的关系

（2）受访市民的年龄与环境保护公众满意度

从表64可以看出，60岁及以上年龄段对环境保护的满意度最高，其次是50~59岁年龄段的市民，而18~29岁年龄段的市民对环境保护的满意度最低，30~39岁年龄段市民的满意度也较低。这说明年龄越大，对环境保护的社会责任感和体验也越多，所以对环境保护的满意度也越高；18~29岁年龄段群体对环境保护的敏感性最大，他们对环境保护服务的满意度也最低。

表64　受访市民的年龄与环境保护公众满意度的关系

年龄段	均值	样本量	标准差
18~29岁	7.0519	11409	2.1324
30~39岁	7.0839	6493	2.1452
40~49岁	7.0896	3518	2.2297
50~59岁	7.1199	1561	2.2568
≥60岁	7.3234	843	2.1084
缺失		99	
总　计	7.1337	23923	2.1745

注：$P < 0.01$。

相关性统计分析结果显示，年龄与环境保护公众满意度的关系呈显著的相关关系（$P < 0.01$），即年龄越大者对环境保护的满意度也越高（见图56）。

（3）受访市民的学历与环境保护公众满意度

从表65和图57可以看出，总体上受访市民的学历与环境保护服务满意度呈负相关关系，即学历越高、对环境保护的满意度越低。具体来说，初中群体对环境保护的满意度最高，而大学本科群体对环境保护的满意度最低，这说明高学历者普遍关心环境

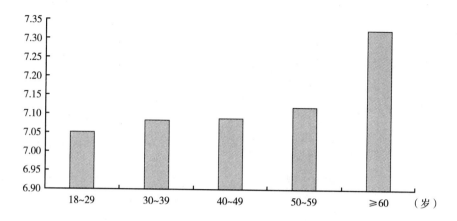

图56 受访市民的年龄与环境保护公众满意度的关系

保护这一问题。相关性统计分析结果也显示：学历与环境保护公众满意度的关系呈现显著性的负相关（P < 0.01）。

表65 受访市民的学历与环境保护公众满意度的关系

学　历	均值	样本量	标准差
小学及以下	7.3818	865	2.2709
初中	7.3882	3768	2.2169
高中及相关学历	7.1947	6592	2.1518
大专	6.9350	5489	2.1460
大学本科	6.8828	6389	2.0997
研究生	6.9384	820	2.0891
总　计	7.1201	23923	2.1624

注：P < 0.01。

（4）受访市民的收入水平与环境保护公众满意度

从表66和图58可知，受访市民的收入水平与环境保护服务满意度具有显著性的相关关系（P < 0.01）。具体来说，年收入在60000～99999元的群体，对环境保护的满意度最高；其次依

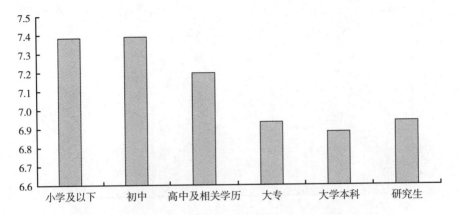

图 57　受访市民的学历与环境保护公众满意度的关系

次为无固定收入群体、年收入在 20000 ~ 39999 元、40000 ~ 59999 元、少于 2 万元等群体，年收入在 200000 ~ 299999 元的群体对环境保护的满意度最低。这说明中等收入者的满意度要高于低收入群体、高收入群体。

表 66　受访市民的收入水平与环境保护公众满意度的关系

年收入	均值	样本量	标准差
无固定收入	7. 1217	4647	2. 0340
少于 2 万元	7. 0398	4451	2. 1693
20000 元 ~ 39999 元	7. 1123	6530	2. 1853
40000 ~ 59999 元	7. 0792	3505	2. 1930
60000 ~ 99999 元	7. 1461	2098	2. 0963
100000 ~ 149999 元	6. 9089	1088	2. 3259
150000 ~ 199999 元	6. 9563	251	2. 3455
200000 ~ 299999 元	6. 2655	205	2. 3567
300000 ~ 499999 元	6. 6866	129	2. 4876
50 万元及以上	6. 7273	109	2. 5331
拒答		910	
总　计	6. 9298	23923	2. 2530

注：收入含工资、奖金、红利、股票收入及其他兼职收入；P < 0.01。

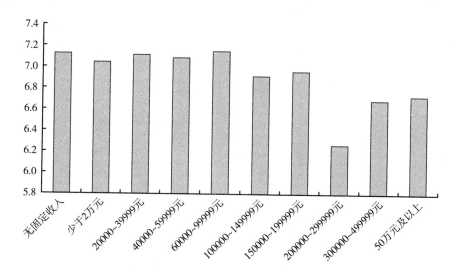

图58　受访市民的收入水平与环境保护公众满意度的关系

（5）受访市民的党员身份与环境保护公众满意度

从表67和图39可看出，受访市民的党员身份与环境保护服务满意度具有显著性相关关系（P＜0.05），党员群体对环境保护的满意度高于非党员群体。

表67　受访市民的党员身份与环境保护公众满意度的关系

是否中共党员	均值	样本量	标准差
是	7.1225	3846	2.1049
不是	7.0718	20077	2.1673
总计	7.0972	23923	2.1361

注：P＜0.05。

（6）受访市民的居住时间与环境保护公众满意度

据图60可知，受访市民的居住时间与环境保护公众满意度的关系呈显著的负相关（P＜0.05）。

155

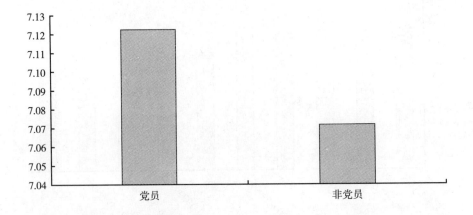

图59 受访市民的党员身份与环境保护公众满意度

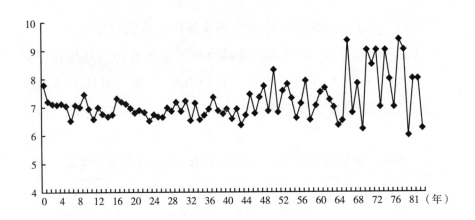

图60 受访市民的居住时间与环境保护公众满意度的关系

（7）受访市民的户籍与环境保护公众满意度

从表68和图61可以看出，受访市民的户籍与环境保护公众满意度具有显著性的相关关系（P<0.01），即非本地户籍群体对环境保护的满意度要高于本地户籍群体。

表68 受访市民的户籍与环境保护公众满意度的关系

是否本地户籍	均值	样本量	标准差
是	6.9476	13359	2.1574
不是	7.2356	10564	2.1472
合计	7.0916	23923	2.1523

注：P < 0.01。

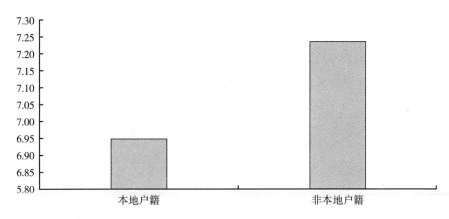

图61 受访市民的户籍与环境保护公众满意度的关系

（8）受访市民的职业与环境保护公众满意度

从表69和图62可知，总体来看，其他职业对环境保护的满意度最高，然后依次是农、林、牧、渔业，制造业，建筑业，退休，学生，社会服务业，无业，批发零售、贸易餐饮业，电力、煤气及水的生产和供应业，房地产业，交通运输、仓储及邮电通信业，采掘业，国家机关党政机关、社会团体，卫生、体育社会福利业，教育、文化艺术广播电影电视业，金融、保险业，科学研究和综合技术服务业等，地质勘查业水利管理业对环境保护的满意度最低。但统计学检验发现，受访市民的职业与环境保护公众满意度未发现显著性的相关关系（P > 0.05）。

表 69 受访市民的职业与环境保护公众满意度的关系

职业（行业）	均值	样本量	标准差
农、林、牧、渔业	7.3048	828	2.2794
采掘业	6.9630	57	2.3775
制造业	7.2398	2500	2.1409
电力、煤气及水的生产和供应业	7.0196	386	2.1564
建筑业	7.1682	1869	2.1461
地质勘查业、水利管理业	6.6176	65	2.1744
交通运输、仓储及邮电通信业	7.0051	1081	2.3244
批发和零售贸易、餐饮业	7.0216	2933	2.2388
金融、保险业	6.8675	832	1.9778
房地产业	7.0098	352	2.2118
社会服务业	7.0547	3095	2.1759
卫生、体育和社会福利业	6.9326	616	2.1679
教育、文化艺术及广播电影电视业	6.9153	1271	2.0911
科学研究和综合技术服务业	6.8156	545	2.2030
国家机关、政党机关和社会团体	6.9551	549	2.2917
学生	7.0868	2904	1.9692
退休	7.1070	822	2.1511
无业或失业	7.0533	2218	2.2221
其他	7.5527	1000	1.9962
合　计	7.0363	23923	2.1735

注：P > 0.05。

（9）受访市民的单位性质与环境保护公众满意度

从表 70 和图 63 可以看出，其他企业对环境保护的满意度最高，其他依次是合资、私营、外资、国有等性质单位；经统计学

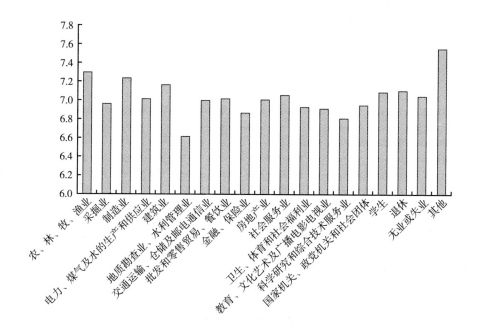

图 62　受访市民的职业与环境保护公众满意度的关系

检验发现，受访市民的单位性质与环境保护公众满意度未发现有显著性的相关关系（P > 0.05）。

表 70　受访市民的单位性质与环境保护公众满意度的关系

单位性质	均值	样本量	标准差
国　　有	6.9562	4471	2.1496
私　　营	7.1097	10987	2.1884
外　　资	7.0585	867	2.1508
合　　资	7.2441	1121	2.2007
其　　他	7.2540	541	2.1718
拒　　答		5936	
合　　计	7.1166	23923	2.1587

注：P > 0.05。

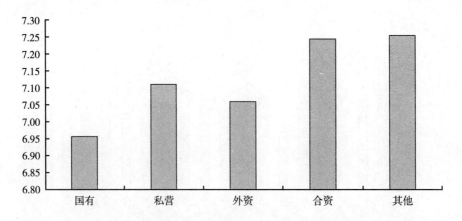

图63 受访市民的单位性质与环境保护公众满意度的关系

八 文体设施公众满意度评价

1. 综合排名情况

为了解34个城市文体设施公众满意度状况，本研究设置如下问题"您给所在城市的文体设施（如图书馆、公园、博物馆、电影院等）打几分？"请受访者从0到10打分，0分表示最低分，10分表示最高分。总体而言，文体设施公众满意度得分总平均值为7.39，在9项公共服务测量指标中排名第1位，可见被调查城市的居民对所在城市的文体设施最满意。

按照文体设施公众满意度得分对34个被调查城市进行排名（见表71），文体设施公众满意度最高的是厦门，得分为8.48，领先优势非常明显；紧随其后的分别是北京（8.18分）、上海（7.99分）、成都（7.98分）、杭州（7.89分）、郑州（7.8

分)、武汉(7.76分)、大连(7.74分)、广州(7.71分)、宁波(7.61分)。可见,在排名前十位的城市中,东部沿海城市占据7位,说明在文体设施公众满意度方面,东部城市比中西部城市具有较多优势。而重庆、海口、合肥、沈阳、太原、呼和浩特、深圳、贵阳、南昌、兰州等排在最后十位的城市,则以中西部城市居多,说明总体上东部城市的文体设施公众满意度要优于中西部城市。

表71 34个城市文体设施公众满意度排名

排名	城　市	得分	排名	城　市	得分
1	厦　门	8.48	18	福　州	7.31
2	北　京	8.18	19	长　春	7.27
3	上　海	7.99	20	西　宁	7.27
4	成　都	7.98	21	济　南	7.24
5	杭　州	7.89	22	南　宁	7.23
6	郑　州	7.80	23	石家庄	7.23
7	武　汉	7.76	24	哈尔滨	7.15
8	大　连	7.74	25	重　庆	7.12
9	广　州	7.71	26	海　口	7.09
10	宁　波	7.61	27	合　肥	7.09
11	昆　明	7.58	28	沈　阳	7.08
12	青　岛	7.50	29	太　原	7.02
13	南　京	7.46	30	呼和浩特	6.99
14	银　川	7.44	31	深　圳	6.91
15	天　津	7.40	32	贵　阳	6.88
16	长　沙	7.39	33	南　昌	6.68
17	西　安	7.36	34	兰　州	6.39

2. 经济发展水平、政府投入对文体设施公众满意度的影响分析

表 72 列出了 34 个城市经济发展水平、政府投入水平与文体设施公众满意度平均得分的相关情况。

表 72 各城市经济发展水平、政府投入与文体设施公众满意度得分

城　　市	文体设施公众满意度得分	人均GDP（元）	文体设施满意度与人均GDP相关	文体设施支出（元）	文体设施满意度与人均文体支出相关
北　　京	8.18	90764	Pearson Correlation：0.416	630.9668	Pearson Correlation：−0.055
成　　都	7.98	57936.6		160.3911	
大　　连	7.74	104627.5		150.1937	
福　　州	7.31	59287.3	Sig.：0.042	60.6677	Sig.：0.756
广　　州	7.71	106292.8		650.8597	
贵　　阳	6.88	25941		365.346	
哈 尔 滨	7.15	34467		68.3448	
海　　口	7.09	28861		101.0663	
杭　　州	7.89	89696.8		223.3885	
合　　肥	7.09	58817.8		71.5853	
呼和浩特	6.99	83000		108.4089	
济　　南	7.24	70628.6		149.8527	
昆　　明	7.58	46756.8		69.1391	
兰　　州	6.39	30430		54.765	
南　　昌	6.68	59503.4		54.3255	
南　　京	7.46	89966.8		135.8265	
南　　宁	7.23	37600		75.3549	
宁　　波	7.61	85787		193.3215	
青　　岛	7.5	83786.9		131.7062	
厦　　门	8.48	79779.4		118.4448	

续表

城　　市	文体设施公众满意度得分	人均GDP（元）	文体设施满意度与人均GDP相关	文体设施支出（元）	文体设施满意度与人均文体支出相关
上　　海	7.99	87324.6	Pearson Correlation：0.416	77.054	Pearson Correlation：-0.055
深　　圳	6.91	125026		2261.3552	
沈　　阳	7.08	82653.8	Sig.：0.042	121.0381	Sig.：0.756
石　家　庄	7.23	40143.3		37.3059	
太　　原	7.02	55013.1		68.7334	
天　　津	7.4	99590.2		246.5228	
武　　汉	7.76	81793.6		104.0622	
西　　安	7.36	51599.8		80.6498	
西　　宁	7.27	28446		87.9045	
银　　川	7.44	38295		76.52	
长　　春	7.27	58701.9		68.828	
长　　沙	7.39	90856.2		78.3096	
郑　　州	7.8	64301.9		106.5524	
重　　庆	7.12	27367		73.3808	

　　从表72可知，各城市文体设施公众满意度得分和各城市人均GDP的相关系数为0.416，统计显著性为0.042（P < 0.05）。各城市文体设施公众满意度得分平均值和文体设施人均财政支出未发现相关关系，相关系数为 - 0.055，统计显著性为0.756，未达到显著性相关。也就是说，当地民众对文体设施的满意度，受到地区经济发展水平的正面影响，即越发达地区的民众，满意度越高；不受当地政府前一年文体设施支出的影响。

163

3. 影响文体设施公众满意度的个体因素

（1）受访市民的性别与文体设施公众满意度

从表73和图64可以看出，不同性别对文体设施公众满意度的影响不一样，女性对文体设施的满意度，要明显高于男性群体。相关性分析统计结果显示，性别与文体设施公众满意度的关系呈显著的相关关系（P<0.01）。

表73　受访市民的性别与文体设施公众满意度的关系

性别	均值	样本量	标准差
男	7.3030	12876	1.9174
女	7.4879	11047	1.8145
总计	7.3954	23923	1.8660

注：P<0.01。

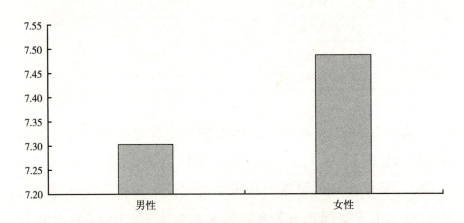

图64　受访市民的性别与文体设施公众满意度的关系

（2）受访市民的年龄与文体设施公众满意度

从表74和图65可知，年龄与文体设施公众满意度的关系呈显著的的负相关（P<0.01），即年龄越大、对文体设施的满意

度越低。具体而言，18～29岁年龄段的市民对文体设施的满意度最高，其次是30～39岁年龄段的市民，而50～59岁年龄段的市民对文体设施的满意度最低，60岁及以上年龄者的满意度也较低。18～29岁年龄段的人对文体设施的感知和体验较多，所以对文体设施的满意度也较高；50～59岁年龄段、60岁及以上年龄群体对文体设施的感知相对较少，他们对文体设施服务的满意度较低。

表74　受访市民的年龄与文体设施公众满意度的关系

年龄段	均值	样本量	标准差
18～29岁	7.4471	11409	1.8450
30～39岁	7.3688	6493	1.8252
40～49岁	7.3318	3518	1.9740
50～59岁	7.1960	1561	1.9978
≥60岁	7.3210	843	1.9343
缺失		99	
总　计	7.3329	23923	1.9153

注：P < 0.01。

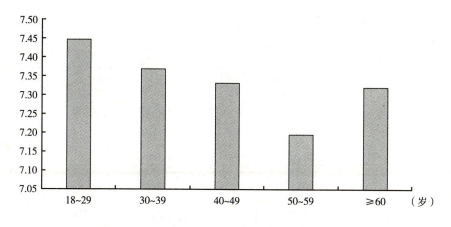

图65　受访市民的年龄与文体设施公众满意度的关系

（3）受访市民的学历与文体设施公众满意度

从表75和图66可以看出，未发现学历与文体设施公众满意度的显著性相关关系（P＞0.05）。

表75　受访市民的学历与文体设施公众满意度的关系

学　历	均值	样本量	标准差
小学及以下	7.3756	865	2.1758
初中	7.3901	3768	1.9274
高中及相关学历	7.4078	6592	1.8982
大专	7.3779	5489	1.8770
大学本科	7.3583	6389	1.7769
研究生	7.5643	820	1.8023
总　计	7.4123	23923	1.9096

注：P＞0.05。

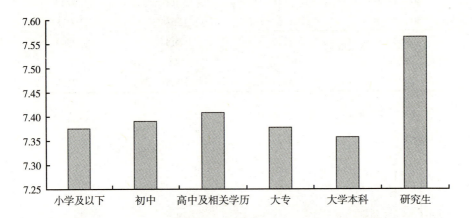

图66　受访市民的学历与文体设施公众满意度的关系

（4）受访市民的收入水平与文体设施公众满意度

从表76和图67可知，收入水平与文体设施公众满意度的关系呈显著性的相关（P＜0.05）。具体而言，年收入为60000～99999元的群体，对文体设施的满意度最高；其次依次为年收入

为 150000～199999 元者、无固定收入群体、年收入为 40000～
59999 元者等。

表76　受访市民的收入水平与文体设施公众满意度的关系

年收入	均值	样本量	标准差
无固定收入	7.4823	4647	1.8143
少于 2 万元	7.2441	4451	1.9379
20000 元～39999 元	7.3047	6530	1.8990
40000～59999 元	7.4510	3505	1.8430
60000～99999 元	7.5745	2098	1.7895
100000～149999 元	7.3154	1088	1.9478
150000～199999 元	7.5549	251	1.9001
200000～299999 元	7.2193	205	1.7837
300000～499999 元	7.2319	129	2.2567
50 万元及以上	7.0143	109	2.1501
拒答		910	
总　计	7.3656	23923	1.9117

注：收入含工资、奖金、红利、股票收入及其他兼职收入；$P < 0.05$。

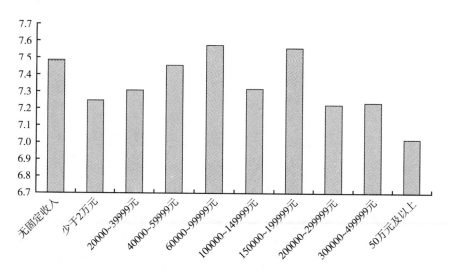

图67　受访市民的收入水平与文体设施公众满意度的关系

（5）受访市民的党员身份与文体设施公众满意度

从表77可以看出，受访市民的党员身份与文体设施公众满意度的关系很明显，即党员群体对文体设施的满意度高于非党员群体。相关性分析统计结果显示，是否具有党员身份与文体设施公众满意度的关系呈显著性的相关关系（P < 0.05）（见图68）。

表77　受访市民的党员身份与文体设施公众满意度的关系

是否中共党员	均值	样本量	标准差
是	7.4808	3846	1.8657
不是	7.3719	20077	1.8731
总计	7.4263	23923	1.8694

注：P < 0.05。

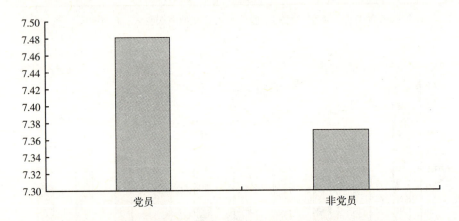

图68　受访市民的党员身份与文体设施公众满意度的关系

（6）受访市民的居住时间与文体设施公众满意度

据图69可知：经相关性分析统计结果显示，居住时间与文体设施公众满意度的关系呈显著的负相关（P < 0.01）。

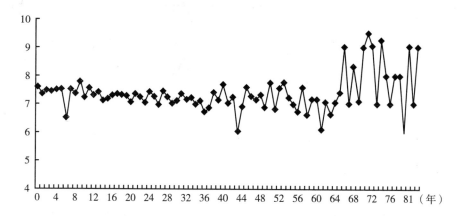

图 69　受访市民的居住时间与文体设施公众满意度的关系

（7）受访市民的户籍与文体设施公众满意度

从表 78 和图 70 可以看出，受访市民的户籍与文体设施公众满意度具有显著性的相关关系（P＜0.01），即非本地户籍群体对文体设施的满意度要高于本地户籍群体。

表 78　受访市民的户籍与文体设施公众满意度的关系

是否本地户籍	均值	样本量	标准差
是	7.2669	13359	1.9269
不是	7.5338	10564	1.7951
合计	7.4004	23923	1.8610

注：P＜0.01。

（8）受访市民的职业与文体设施公众满意度

从表 79 和图 71 可以看出：受访市民的职业与文体设施公众满意度呈显著的相关关系（P＜0.01）。具体而言，从事其他职业的从业者对文体设施的满意度最高，然后依次是学生，房地产业，批发零售贸易、餐饮业，社会服务业，卫生、体育和社会福利业，

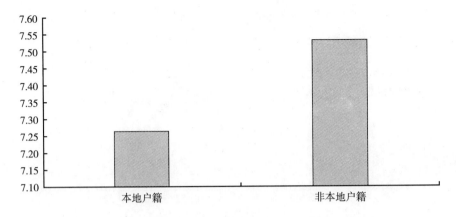

图70　受访市民的户籍与文体设施公众满意度的关系

金融、保险业，制造业，教育、文化艺术及广播电影电视业，国家机关、党政机关和社会团体，地质勘查业、水利管理业，交通运输、仓储及邮电通信业，建筑业，电力、煤气及水的生产和供应业，退休，农、林、牧、渔业，无业，科学研究及综合技术业等行业的从业者，采掘业的从业者对文化休闲设施的满意度最低。

表79　受访市民的职业与文体设施公众满意度的关系

职业（行业）	均值	样本量	标准差
农、林、牧、渔业	7.1961	828	2.1102
采掘业	6.6667	57	1.9415
制造业	7.3818	2500	1.8954
电力、煤气及水的生产和供应业	7.2201	386	1.9487
建筑业	7.2718	1869	1.9290
地质勘查业、水利管理业	7.3333	65	1.6520
交通运输、仓储及邮电通信业	7.3311	1081	1.9049
批发和零售贸易、餐饮业	7.4855	2933	1.8311
金融、保险业	7.3895	832	1.8507
房地产业	7.5419	352	1.6980
社会服务业	7.4147	3095	1.8998
卫生、体育和社会福利业	7.3950	616	1.7460

续表

职业（行业）	均值	样本量	标准差
教育、文化艺术及广播电影电视业	7.3766	1271	1.8071
科学研究和综合技术服务业	7.1692	545	1.8882
国家机关、政党机关和社会团体	7.3636	549	2.0059
学生	7.6134	2904	1.6678
退休	7.2019	822	1.9150
无业或失业	7.1779	2218	1.9937
其他	7.6805	1000	1.7680
合　计	7.3269	23923	1.8659

注：P＜0.01。

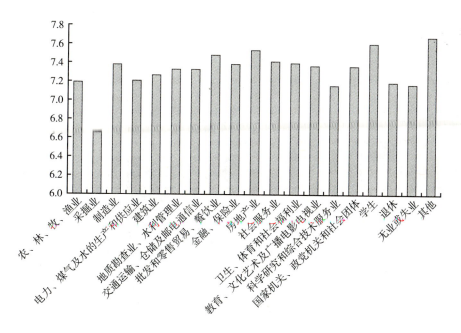

图71　受访市民的职业与文体设施公众满意度的关系

（9）受访市民的单位性质与文体设施公众满意度

从表80和图72可知：受访市民的单位性质与文体设施公众满意度未发现显著性的相关关系。

表80 受访市民的单位性质与文体设施公众满意度的关系

单位性质	均值	样本量	标准差
国 有	7.3001	4471	1.9133
私 营	7.3936	10987	1.8832
外 资	7.4971	867	1.8219
合 资	7.5325	1121	1.7944
其 他	7.5105	541	1.8559
拒 答		5936	
合 计	7.4384	23923	1.8515

注：$P > 0.05$。

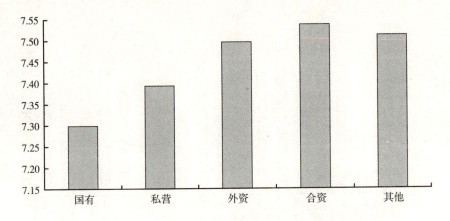

图72 受访市民的单位性质与文体设施公众满意度的关系

九 公共交通公众满意度评价

1. 综合排名情况

为了解 34 个城市公共交通公众满意度状况，本研究设置如下问题"您给所在城市的公共交通服务打几分？"请受访者从 0 到 10 打分，0 分表示最低分，10 分表示最高分。总体而言，公共交通满意度得分总平均值为 7.14，在 9 项公共服务测量指标中排名第 5 位，处于居中位置，说明被调查城市居民对所在城市的公共交通处于一般满意状态。

　按照公共交通满意度得分对 34 个被调查城市进行排名（见表 81），公共交通公众满意度最高的是厦门，得分为 8.43，领先优势非常明显；紧随其后的分别是上海（7.99 分）、北京（7.93分）、成都（7.85 分）、广州（7.68 分）、青岛（7.68 分）、西宁（7.53 分）、郑州（7.50 分）、济南（7.39 分）、南京（7.38分）。可见，在排名前十位的城市中，东部沿海城市占据 7 位，说明在公共交通满意度方面，东部城市比中西部城市具有较高的优势。而海口（6.82 分）、长沙（6.81 分）、福州（6.8 分）、武汉（6.73 分）、合肥（6.62 分）、南宁（6.54 分）、南昌（6.35 分）、呼和浩特（6.32 分）、贵阳（6.23 分）、兰州（5.78 分）等排在最后十位的城市，则以中西部城市居多，说明总体上东部城市的公共交通满意度要优于中西部城市。

表81　34 个城市公共交通公众满意度排名

排名	城　　市	得分	排名	城　　市	得分
1	厦　　门	8.43	18	哈尔滨	7.15
2	上　　海	7.99	19	银　　川	7.14
3	北　　京	7.93	20	长　　春	7.14
4	成　　都	7.85	21	深　　圳	7.14
5	广　　州	7.68	22	沈　　阳	6.94
6	青　　岛	7.68	23	西　　安	6.89
7	西　　宁	7.53	24	太　　原	6.86
8	郑　　州	7.50	25	海　　口	6.82
9	济　　南	7.39	26	长　　沙	6.81

续表

排名	城 市	得分	排名	城 市	得分
10	南 京	7.38	27	福 州	6.80
11	宁 波	7.37	28	武 汉	6.73
12	杭 州	7.36	29	合 肥	6.62
13	重 庆	7.34	30	南 宁	6.54
14	石 家 庄	7.33	31	南 昌	6.35
15	昆 明	7.31	32	呼和浩特	6.32
16	大 连	7.23	33	贵 阳	6.23
17	天 津	7.22	34	兰 州	5.78

2. 经济发展水平、政府投入对公共交通公众满意度的影响分析

表82列出了34个城市经济发展水平、政府投入水平对公共交通公众满意度平均得分的相关情况。

表82 各城市经济发展水平、政府投入与公共交通公众满意度得分

城 市	公共交通满意度得分	人均GDP（元）	公共交通满意度与人均GDP相关性分析	人均公共交通财政支出（元）	公共交通满意度与人均公共管理交通财政支出相关性
北 京	7.93	90764	Pearson Correlation：0.354 Sig.：0.040	1232.1919	Pearson Correlation：0.260 Sig.：0.137
成 都	7.85	57936.6		213.2523	
大 连	7.23	104627.5		317.7432	
福 州	6.8	59287.3		101.4931	
广 州	7.68	106292.8		504.1296	
贵 阳	6.23	25941		254.532	
哈尔滨	7.15	34467		191.3135	
海 口	6.82	28861		159.4757	
杭 州	7.36	89696.8		252.9952	
合 肥	6.62	58817.8		72.4217	

174

续表

城　　市	公共交通满意度得分	人均 GDP（元）	公共交通满意度与人均 GDP 相关性分析	人均公共交通财政支出（元）	公共交通满意度与人均公共管理交通财政支出相关性
呼和浩特	6.32	83000	Pearson Correlation：0.354	236.7735	Pearson Correlation：0.260
济　　南	7.39	70628.6		115.4135	
昆　　明	7.31	46756.8	Sig.：0.040	218.2842	Sig.：0.137
兰　　州	5.78	30430		452.1367	
南　　昌	6.35	59503.4		82.8273	
南　　京	7.38	89966.8		270.8624	
南　　宁	6.54	37600		106.4733	
宁　　波	7.37	85787		612.6185	
青　　岛	7.68	83786.9		260.2643	
厦　　门	8.43	79779.4		1024.8215	
上　　海	7.99	87324.6		534.643	
深　　圳	7.14	125026		2894.2039	
沈　　阳	6.94	82653.8		117.4395	
石　家　庄	7.33	40143.3		235.642	
太　　原	6.86	55013.1		122.0633	
天　　津	7.22	99590.2		476.7477	
武　　汉	6.73	81793.6		208.0408	
西　　安	6.89	51599.8		192.7114	
西　　宁	7.53	28446		293.63	
银　　川	7.14	38295		205.65	
长　　春	7.14	58701.9		104.6468	
长　　沙	6.81	90856.2		150.9879	
郑　　州	7.5	64301.9		113.0643	
重　　庆	7.34	27367		261.275	

从表82可知，各城市公共交通满意度得分和各城市人均GDP的相关系数为0.354，统计显著性为0.040（P＜0.05）。各城市公共交通满意度得分平均值和公共交通人均财政支出的相关系数为0.260，统计显著性为0.137，但未达到显著性相关水平。也就是说，当地民众对公共交通的满意度，受到地区经济发展水平的正面影响，即越发达地区的民众，满意度越高；不受当地政府前一年公共交通财政支出的影响。

3. 影响公共交通公众满意度的个体因素

（1）受访市民的性别与公共交通公众满意度

从表83和图73可以看出，性别与公共交通满意度未发现有显著性的相关性（P＞0.05）。

表83　受访市民的性别与公共交通公众满意度的关系

性别	均值	样本量	标准差
男	7.1038	12876	2.0763
女	7.0873	11047	1.9812
总计	7.0956	23923	2.0288

注：P＞0.05。

（2）受访市民的年龄与公共交通公众满意度

从表84和图74可以看出，年龄与公共交通满意度的关系呈显著性的相关关系（P＜0.01），年龄越大者对公共交通的满意度越高。大于60岁的年龄段对公共交通的满意度最高，其次是50～59岁年龄段的市民，而18～29岁的年龄段对公共交通的满意度最低，30～39岁的年龄段的满意度也较低。

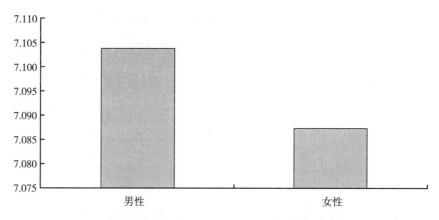

图 73　受访市民的性别与公共交通公众满意度的关系

表 84　受访市民的年龄与公共交通公众满意度

年龄段	均值	样本量	标准差
18～29 岁	6. 9692	11409	2. 0235
30～39 岁	7. 1084	6493	2. 0242
40～49 岁	7. 2823	3518	2. 0630
50～59 岁	7. 3520	1561	2. 0294
≥60 岁	7. 5308	843	1. 9325
缺失		99	
总　计	7. 2485	23923	2. 0145

注：$P < 0.01$。

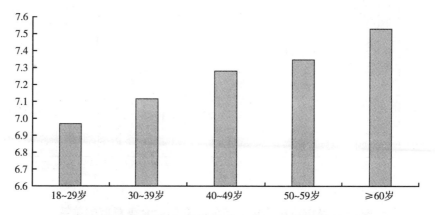

图 74　受访市民的年龄与公共交通公众满意度的关系

（3）受访市民的学历与公共交通公众满意度

从表 85 和图 75 可知，学历与公共交通公众满意度的关系呈现显著性的负相关（P＜0.01），即学历越高的受访市民，对公共交通的满意度越低。具体而言，小学及以下群体对公共交通的满意度最高，而大学本科群体对公共交通的满意度最低，而其他学历群体则处于中等水平。

表 85　受访市民的学历与公共交通公众满意度

学　历	均值	样本量	标准差
小学及以下	7.4188	865	2.2332
初中	7.4181	3768	2.0344
高中及相关学历	7.2269	6592	2.0406
大专	7.0466	5489	1.9717
大学本科	6.8044	6389	2.0001
研究生	6.8568	820	2.0478
总　计	7.1286	23923	2.0546

注：P＜0.01。

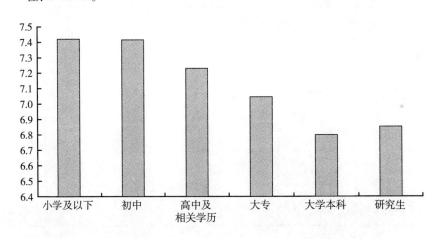

图 75　受访市民的学历与公共交通公众满意度的关系

（4）受访市民的收入水平与公共交通公众满意度

从表86和图76可知，收入水平与公共交通满意度呈显著的相关关系（P＜0.05）。具体来说，年收入在40000～59999元的群体，对公共交通的满意度最高；其次依次为年收入在60000～99999元的群体、年收入在20000～39999元的群体等，年收入在50万及以上群体对公共交通的满意度最低。

表86　受访市民的收入水平与公共交通公众满意度的关系

年收入	均值	样本量	标准差
无固定收入	7.0248	4647	2.0058
少于2万元	7.0525	4451	2.0916
20000元～39999元	7.1183	6530	2.0448
40000～59999元	7.1714	3505	1.9817
60000～99999元	7.1297	2098	1.9651
100000～149999元	7.0361	1088	2.0468
150000～199999元	6.9308	251	2.1645
200000～299999元	6.8509	205	2.2111
300000～499999元	6.7761	129	2.6504
50万元及以上	6.5714	109	2.3004
拒答		910	
总　计	7.0065	23923	2.1225

注：收入含工资、奖金、红利、股票收入及其他兼职收入；P＜0.05。

（5）受访市民的党员身份与公共交通公众满意度

从表87和图77可以看出，受访市民的党员身份与公共交通服务满意度之间未发现显著性的相关关系（P＞0.05）。

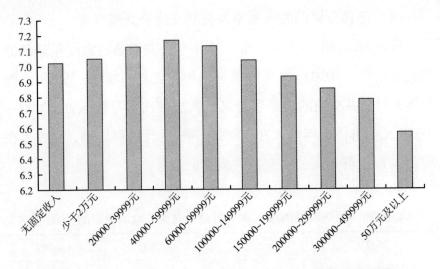

图76 受访市民的收入水平与公共交通公众满意度的关系

表87 受访市民的党员身份与公共交通公众满意度的关系

是否中共党员	均值	样本量	标准差
是	7.1016	3846	2.0003
不是	7.0951	20077	2.0383
总计	7.0983	23923	2.0193

注：P > 0.05。

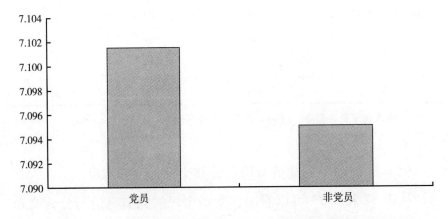

图77 受访市民的党员身份与公共交通公众满意度的关系

（6）受访市民的居住时间与公共交通公众满意度

据图78可知，经过相关性分析统计结果显示，居住时间与公共交通满意度的关系呈显著的正相关（P＜0.01），即居住时间越长，对公共交通的满意度越高。

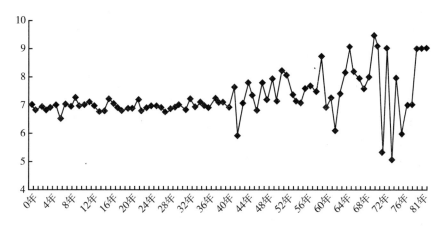

图78　受访市民的居住时间与公共交通公众满意度的关系

（7）受访市民的户籍与公共交通公众满意度

从表88和图79可知，户籍与公共交通满意度的关系无显著性的相关关系（P＞0.05）。

表88　受访市民的户籍与公共交通公众满意度的关系

是否本地户籍	均值	样本量	标准差
是	7.0818	13359	2.0156
不是	7.1130	10564	2.0516
合计	7.0974	23923	2.0336

注：P＞0.05。

（8）受访市民的职业与公共交通公众满意度

从表89和图80可以看出，受访市民的职业与公共交通满意

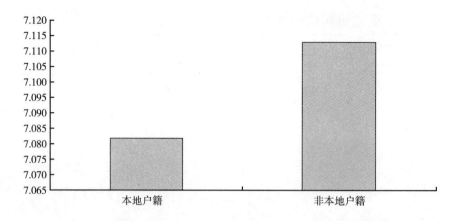

图 79　受访市民的户籍与公共交通公众满意度的关系

度的关系呈显著的相关关系（P < 0.01）。具体而言，其他职业的从业者对公共交通的满意度最高，然后依次是农、林、牧、渔业，制造业，退休，建筑业，电力、煤气及水的生产和供应业，社会服务业，卫生、体育和社会福利业，交通运输、仓储及邮电通信业，批发和零售贸易、餐饮业，无业，采掘业，国家机关、党政机关社会团体，科学研究及综合技术服务业，学生，房地产业，地质勘查业、水利管理业，教育、文化艺术及广播电影电视业，金融保险职业的群体对公共交通的满意度最低。

表 89　受访市民的职业与公共交通公众满意度的关系

职业（行业）	均值	样本量	标准差
农、林、牧、渔业	7.4812	828	2.0444
采掘业	7.0000	57	2.0000
制造业	7.3647	2500	1.9726
电力、煤气及水的生产和供应业	7.1505	386	1.9709
建筑业	7.1510	1869	2.0537
地质勘查业、水利管理业	6.8824	65	1.8218
交通运输、仓储及邮电通信业	7.0399	1081	2.0813

续表

职业(行业)	均值	样本量	标准差
批发和零售贸易、餐饮业	7.0368	2933	2.0423
金融、保险业	6.8337	832	2.1005
房地产业	6.8976	352	2.1407
社会服务业	7.0939	3095	2.0313
卫生、体育和社会福利业	7.0413	616	1.9428
教育、文化艺术及广播电影电视业	6.8738	1271	1.9697
科学研究和综合技术服务业	6.9600	545	1.9440
国家机关、政党机关和社会团体	6.9808	549	2.1858
学生	6.9066	2904	1.9539
退休	7.3233	822	2.0269
无业或失业	7.0204	2218	2.1000
其他	7.6416	1000	1.9582
合　计	7.0884	23923	2.0179

注：P<0.01。

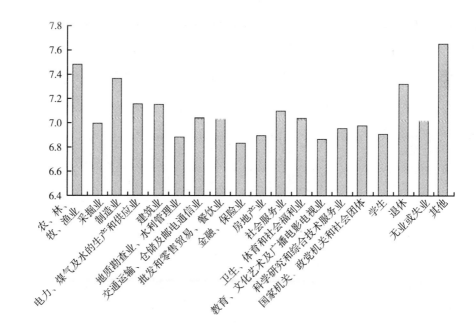

图80　受访市民的职业与公共交通公众满意度的关系

（9）受访市民的单位性质与公共交通公众满意度

从表90和图81可知，受访市民的单位性质与公共交通满意度的关系呈显著性的相关（P < 0.01）。具体而言，其他企业对公共交通的满意度最高，其他依次是外资企业、合资企业、私营、国有等性质单位。

表90　受访市民的单位性质与公共交通公众满意度的关系

单位性质	均值	样本量	标准差
国　有	6.9706	4471	2.0728
私　营	7.1539	10987	2.0241
外　资	7.1806	867	2.0047
合　资	7.1739	1121	2.0272
其　他	7.7460	541	1.8050
拒　答		5936	
合　计	7.2050	23923	1.9929

注：P < 0.01。

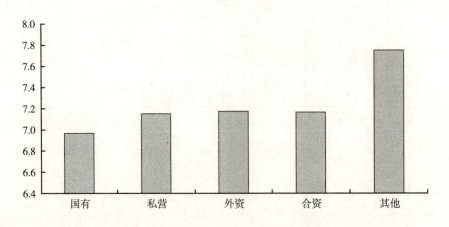

图81　受访市民的单位性质与公共交通公众满意度的关系

十 小结

本章是在前述技术报告和总报告的基础上，对公共服务提供的九个领域，即基础教育、公立医院、房价稳定、社会保障、社会治安、基础设施、环境保护、文体设施、公共交通，进行了更为深入的分析，以期发现各类公共服务提供优劣的影响因素。概括而论，本章的主要内容为如下两个方面。

1. 公共服务提供各领域的公众满意度具有较大差别。据上文所述，在九项公共服务提供领域中，公立医院和房价稳定公众满意度为最低的两项公共服务。公立医院公众满意度排名最高的城市（厦门）的得分为 7.49，房价稳定公众满意度排名最高的城市（成都）的得分为 6.66，远低于其余七项公共服务公众满意度。因而，该两项公共服务必然是当前公众对各类公共领域的"最不满意"的内容，其也必定是未来政府公共服务改革的核心内容。对于各领域的各城市排名情况，上文已有阐述，本处不再进行总结。

2. 经济发展水平、财政投入与公共服务公众满意度未有必然的相关关系。上文已多次提到，除房价稳定的公众满意度排名第二之外，厦门市在其余八项公共服务领域的公众满意度排名都为第一；与此相反，深圳在各类公共服务领域的公众满意度排名最高的为第 21 名，甚至多项排名都为倒数第一。而厦门市的经济发展水平以及财政对公共服务的投入应远低于北京和上海；同时，作为全国四大一线城市的深圳，其在经济发展水平和公共财政投入方面应至少高于中西部的一般城市。此外，本章对各类公

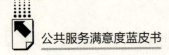

共服务提供与经济发展水平的相关性检验也发现：基础教育、公立医院、房价稳定、社会保障、社会治安、环境保护这六项公共服务公众满意度均未发现与当地人均 GDP 或人均该领域的公共财政投入有显著性相关性；而基础设施、文体设施和公共交通这三项公共服务的公众满意度与当地人均 GDP 或人均该领域的公共财政投入有显著性相关。因此，我们可以认为：公共服务的公众满意度难以同当地的经济发展水平和财政投入存在着必然或直接的联系。有关该论断在下文还将继续展开讨论。

ℬ.5
结论与政策建议

随着我国市场经济的快速发展，社会的公共需求不断增多，社会矛盾和社会不稳定因素也日益凸显。为更好地应对这一环境变化，进一步提升政府管理效能，迫切需要积极推动政府转型。打造服务型政府是当前中国为适应经济社会条件的变化而推动政府改革的核心，党的十八大报告进一步提出要"建设职能科学、结构优化、廉洁高效、人民满意的服务型政府"。服务型政府的建设包括强化公共服务职能、提升政府服务效能、推进依法行政等内容。其中，公共服务供给总量的多少、服务质量和效益的高低以及公众对公共服务的评价满意与否等成为检验服务型政府建设成效的重要标准。近年来，我国各级政府积极推进服务型政府建设。政府在不断增加公共服务供给，探索多元供给方式、推进基本公共服务均等化等方面取得了实质的进步；但是，相对于我国社会公共需求全面快速增长的现实，公共服务供给不足、公共服务供给低效、公共服务公众满意度不高等问题成为了我国建设服务型政府的阻碍。

如何解决人们日益增长的物质文化需求同公共服务供给不足之间的矛盾，如何提高公共服务供给效率和质量，如何提高公共服务公众满意度等是建设服务型政府亟待解决的重要任务。其中，提升公共服务公众满意度对于服务型政府具有极为重要的意义。政府的权力是人民赋予的，"为民服务"是政府的天职；公众对公共服务效果具有最终的评价权，如果公共服务达不到公民的满意度，则政府提供的公共服务越多，公共服务本身越低效。在一定程度上，公共服务公众满意度高低可以反映出服务型政府建设的成效。因此，充分了解公众对城市公共服务体系的评价状况，努力提升公共服务公众满意度，对于政府改进公共服务而言具有重要价值。充分发挥第三方评估机构在获取公众满意度信息中的作用，研究影响公共服务公众满意度的因素，并在此基础上提出相应的改进对策，是推动服务型政府建设的一种积极举措。

本书的前述章节已对调查设计的方法、资料的分析和各领域、各城市的公共服务满意度进行了介绍。本章正是基于前述章节的基础上，首先对 34 个城市的公共服务公众满意度现状进行了总结；然后结合服务型政府建设的内容和要求，从宏观上提出了提升公共服务公众满意度的策略；最后结合城市公共服务公众满意度现状分析，进一步提出提升城市公共服务公众满意度的具体建议。

一　城市公共服务公众满意度现状：预期与发现

在服务型政府建设的要求下，各城市政府在不断满足市民的公共服务需求方面取得了一定的成效。但通过对 34 个城市公共服务满意度的调查和分析发现，公众对城市公共服务的提供情况较为满意，但公共服务提供在不同城市和不同领域之间存在较大差距；公众对政府效能的满意度、对政府信息公开的满意度、对政府允许公众参与的满意度以及对政府信任的满意度偏低，这从整体上影响了公众对城市公共服务的总体评价；城市公共服务公众总体满意度不高。在某种程度上说，我国34个城市公共服务满意度现状在主观预期与客观分析结果之间存在一定的张力。具体情况分析如下：

1. 城市公共服务提供的公众满意度存在显著差距

城市公共服务提供的公众满意度是指公众对各城市政府提供的基础教育、公立医院、环境保护等公共服务项目进行打分，以此获取公众对公共服务提供情况的主观评价。从相关数据的标准化分析结果来看，总体而言，与2011年相比，我国34个城市的公共服务提供的公众满意度有了较大提高，34个城市的公共服务提供的公众满意度得分虽有较大差距，但至少都达到了及格分。主要表现在：除公众对公立医院的满意度和对房价稳定的满意度不高外，公众对其所在城市提供的其他公共服务还比较满意（在9项公共服务指标测量中，其余7项的总平均值均在7分以上），其中文体设施公众满意度得分总平均值为7.39，在9项公共服务指标测量中排名第一，这表明，公众对所在城市的文体设施依然最为满意。在公众对公共服务提供的满意度排名中分别排在第一和最后的厦门和兰州，其各自的得分是8.22分和6分，这与其在2011年的得分（分别为7分以上和5分左右）相比有了较大提升。2011年名次靠后的广州，在2012年的各项满意度排名中挤入了前列，这表明广州市民对该市的公共服务提供的评价有了较大改进。

在肯定成绩的同时，我们也要看到，虽然公众对城市公共服务提供的满意度有了较大提高，但根据调查分析结果，我们同时可以发现，城市公共服务提供的公众满意度存在较大差距。这种差距主要体现为三个方面：第一，不同城市在公共服务提供的公众满意度之间的差距依然较为明显，如厦门市在除房价稳定的满意度列 34 个城市的第二位外，其余八项指标的排名均为第一位，领先于其他城市；而兰州和深圳几乎在各项公共服务的排名中都为末尾，尤其是作为全国四大一线城市之一的深圳市，其在公共服务提供的公众满意度各城市的排名为第 31 位。第二，不同领域的公共服务满意度之间存在较大差距，在这九项公共服务中，公众对房价稳定和公立医院两项公共服务最不满意，这也与当前城市居民对房价过高和医疗卫生领域的"看病难、看病贵"的突出民生问题相吻合。如结果显示，34 个城市在公立医院和房价稳定两个方面的公众满意度均处于最低水平，即使是公共服务提供的公众满意度排名第一的厦门市，其在公立医院的公众满意度方面的得分为 7.49 分，这已是 34 个城市的最高值；而房价稳定的公众满意度排名最高的成都市，其得分仅为 6.66 分。第三，除个别城市外，大部分城市在自身公共服务公众满意度方面存在明显的优劣势。除了满意度得分排名靠前和靠后的城市在各项公共服务方面的满意度较为均衡外，其他城市都存在明显的不均衡状况。如厦门、成都、青岛和宁波四个城市在各项公共服务的满意度方面相对较为均衡，得分相对较高；而像海口、太原、南昌和兰州这些城市虽然在各项公共服务的满意度方面也较为均衡，但都处于劣势均衡状态；其他城市在各项公共服务的满意度方面均存在"短板"，如深圳市在公众对房价稳定、公立医院、社会保障和基础教育这四项公共服务的满意度的各城市排名都为倒数第一位；上海市和北京市虽然在某些公共服务方面达到了较高水平，但上海在房价稳定的公众满意度方面有较大劣势，北京在房价稳定的公众满意度方面处于更低的水平，而且北京环境保护方

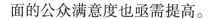

面的公众满意度也亟需提高。

2. 公众满意度与 GDP 没有明显相关性

经济发展可以为社会发展提供物质保障，各个城市都积极致力于提升当地经济发展水平。我们一般会设想，经济较发达的城市，公众收入水平和生活水平相对较高，城市政府提供的公共服务较充足，公众对公共服务供给的满意度会比较高。但是，本研究通过对相关数据进行标准化分析发现，城市公共服务提供的公众满意度与当地经济发展水平并没有明显的相关性，有些人均GDP 相对少的城市反而具有较高的公共服务满意度，比如厦门的经济实力明显不如北京、上海和广州，但其各项公共服务满意度的排名结果却都高于"北上广"；与深圳相比，成都的经济发展水平较低，但其各项公共服务公众满意度得分结果排名均高于深圳；城市经济发展水平相对较低的西宁，其环境保护满意度得分结果却排名靠前；等等。这表明，单纯注重 GDP 的增长并不一定会带来公众满意度的提升。影响城市公共服务公众满意度的因素是复杂多样的，公众生活水平的提高以及由此带来的公共服务期望值的增加也会对城市公共服务的公众满意度产生一定的影响。但不可否认的是，经济发展不仅可以为公共服务提供更好的物质保障，同时也有助于增加公民收入，提升公众生活质量，进而会改善公众对政府行为的评价。因此，不断提高城市经济发展水平，对于提升公共服务满意度而言仍具有基础性作用。

3. 公众满意度与公共服务投入的相关性不明显

公共服务需要一定的财力支持，没有可靠的财政投入保障，城市公共服务也就无从谈起。我们一般会设想，一个城市在公共服务方面投入越多，民众得到的实惠越多，那么公众对该城市提供的公共服务越满意。但是，从对 34 个城市公共服务公众满意度与公共服务人均投入的相关性数据分析结果来看，城市公共服务公众满意度与公共服务的投入之间的相关性并不显著（见分报告各领域的公众满意度分析）。但需要注意的是，优质公共服务的供给仍然离不开有效的财政投入，比如，厦门在各项公共服务满意度排名领先，这与厦门市政府对公共服务的高投入不无相关。这看似相互矛盾的问题背后反映出公共服务投入效率的问题，即公共服务绩效的提升不仅需要增加公共服务投入，还要保证投入到公共服务中的财物得到合理有效的使用；公共服务投入与产出不仅要有效率，还要有效益；否则，只会增加服务成本，浪费公共资源，降低政府工作的价值。因此，公共服务公众满意度与公共服务投入效率有一定的关联，如何调整公共财政支出结构，如何进一步提高公共服务投入效率，如何保证公共财政支出效益，是各城市政府致力于提升公共服务提供的公众满意度所必须要重视的方面。

4. 政府自身建设维度评价偏低

服务型政府的打造应是全方位的，各城市政府不仅要致力于提升公共服务供给水平，即加快服务型政府的"硬件"建设，还要不断提高政府自我管理水平，即加强服务型政府的"软件"建设。政府自身建设主要指政府围绕自身，从明确职责体系、精简职能机构、规范权力运作等方面加强内部管理，提高政府效能。本项目对"政府维度"方面的公众满意度作了一些调查和分析。"政府维度"公众满意度主要包括公众对政府效能、政府信息公开、公民参与和政府信任等子维度的满意度。通过"政府维度"的数据分析发现，各个城市在"政府维度"领域的得分依然偏低，特别是在"政府效能"这个子维度上得分最低，比如，厦门在"政府效能"满意度结果中排名第一，但其得分也只有 5.33 分，低于及格分，这说明 34 个城市的政府效能公众满意度均未达到及格分；对于信息公开公众满意度而言，34 个城市中信息公开公众满意度得分超过 6 分的城市总共有 3 个，排名第一的青岛市满意度得分也仅为 6.21，这表明，各大城市的政府信息公开公众满意度也基本处于不及格水平；公众对政府信任的满意度排名第一的是青岛市，得分为 6.01 分，而其余 33 个城市的公众对政府信任满意度都是不及格的，而且公众对政府信任的满意度要低于公共服务公众总体满意度的平均水平。

上述情况与 2011 年的调查分析结果大体一致。这表明，各城市政府在"软件"建设方面存在严重不足，"相对于公共服务公众满意度，政府自身的建设需要提上更为重要的议事日程"[①]；值得注意的是，政府自身管理水平也会影响到公众对公共服务的总体评价，即政府"软件"建设中的问题不仅会直接影响到公众对政府"硬件"建设的评价，而且也会影响到公共服务的公众总体满意度，如前文的总报告提及，公众对大城市的公共服务提供已达到了较为满意的水平，但公共服务公众总体满意度最高的厦门市得分也刚过及格分，这两个方面形成了鲜明的差异对比。原因何在？原因在于公众对除公共服务提供的满意度之外的其余四个维度的满意度都不高，这最终影响了公共服务的公众总体满意度。在现实生活中，公民参与不足，政府行政效率低下、贪污腐败盛行等问题，严重损害了政府形象，这些社会现实甚至

---

① 胡伟、吴伟主编《中国城市公共服务公众满意度蓝皮书》，上海人民出版社，2013。

使部分人认为"政府是最大的恶";因政府自身建设方面的问题而带来政府公信力的下降,进而严重降低了公众对政府的认同,影响到公众对政府公共服务提供的评价。因此,提高"政府维度"的公众满意度对于改善公共服务的公众总体满意度而言具有关键性作用。在实践层面上,不断加强政府自身建设,提高政府管理效能;规范政府运作,推进依法行政;推动公民参与,提高政策科学化和民主化水平等,对于提升城市公共服务公众满意度而言具有重要意义。

从经济社会发展的现实状况来看,虽然各地方政府积极推动服务型政府建设,在公共服务方面取得了一定的成效,但是总体而言,各城市在公共服务提供上仍存在较大差距,处于优越地理位置的城市公共服务提供的满意度与地区优势并没有关联性;保持房价稳定和公立医院的公益性改革是当前各大城市政府所面临的最迫切和亟待解决的问题;各城市政府自身建设不完善影响到公众对城市公共服务的总体评价。总之,各城市政府在提高公共服务供给水平、推进基本公共服务均等化建设、加强政府自身建设以及提升公共服务公民满意度等方面仍有较大的改进空间,服务型政府建设的任务依然艰巨。

二 公共服务满意度提升的统筹思维:
服务型政府的整体定位

不断提供充足的和优质的公共服务以满足公民的基本需求是各级政府的基本职责。政府提供公共服务不仅要保障公共服务的数量和质量,还要保障公共服务的效率和效益。也就是说,政府提供公共服务要以满足公民的基本需求为出发点，服务效果首先得要接受公众的评判；否则，会导致公共服务低效，降低公众对政府行为的评价。因此，各城市政府在公共服务过程中，一定要重视公众对公共服务的主观评价，要充分利用公众对公共服务形成的反馈信息，采取适当的措施，不断提升城市公共服务水平。2004 年温家宝在《省部级主要领导干部树立和落实科学发展观高级研究班上的讲话》中首次提出了"服务型政府"的概念。自此之后，服务型政府研究成为学术界共同关注的主题，各地方政府在实践中积极开展服务型政府建设。服务型政府是为适应社会主义市场经济要求而确立的一种政府模式，建设服务型政府也是构建社会主义和谐社会、落实科学发展观的必然要求。服务型政府以"公民本位"和"为民服务"理念为引导，公共服务是其核心职能。积极推动服务型政府建设，不断强化政府公共服务职能，提高服务效能，可以为改进公共服务水平与提升公众满意度提供有力保障，正如有学者所言："需要在服务型政府的建设中去发现解决一切公共服务问题的路径。"①

近年来，虽然各地都在积极推动服务型政府建设，且城市公共服务得到了较大改善，但是通过"连氏中国城市服务型政府"调查项目对 34 个城市公共服务公众满意度的调查和分析，可以发现，公共服务还存在诸多问题，如各城市公共服务水平存在较大差距、城市公共服务投入效率不高、城市政府自身建设不足等。总之，服务型政府建设还存在极大的改善空间。因此，各地方政府应该在服务型政府建设方面有所创新，从整体上推进服务

---

① 张康之：《我们为什么要建设服务型政府》，《行政论坛》2012 年第 1 期。

型政府建设，在建设的过程中，注意处理好经济发展与社会进步、政府职能与政府责任、服务供给与需求回应、公共服务与政府自身管理之间的关系，以更好地提升城市公共服务水平和服务质量，提升城市公共服务公众满意度。

1. 经济社会协调发展

统筹经济社会发展，进一步保障和改善民生，是政府落实科学发展观、推动服务型政府建设的重要职责。如果在公共管理中只注重经济发展而忽视社会发展，则会导致发展失衡，由此会进一步威胁社会稳定，损害全社会整体利益。本次调查结果发现，公共服务公众满意度与经济发展之间没有明显相关性，这在一定程度上说明，经济发展水平与公众对政府的评价之间并没有明显的相关性。公众对政府的评价受多种因素影响，单纯推动经济增长并不一定能获得公众的全面认可，相反，如果政府在关乎公民切身利益的领域积极作为，有效解决各种关乎公众实际利益的社会问题，不断推动地方社会发展，则将更有利于公众满意度的提升。因此，建设服务型政府，要处理好经济发展与社会发展的关系，兼顾效率与公平。一方面，积极推动经济发展，为政府提供公共服务的行为做好物质保障，也为提升公共服务公众满意度奠定物质基础；另一方面，要进一步保障和改善民生，切实保障和满足公民的基本公共需求，提高公民生活质量和公众满意度。总之，建设服务型政府要走科学发展之路，切实保障公民基本权益，真正做到为民服务。

（1）发展经济做保障

公共服务与经济发展之间相互影响，相互促进。公共服务离不开经济发展，经济发展为其提供物质条件；良好的公共服务可以为经济发展创造良好的社会条件并开辟新的发展领域。因此，服务型政府建设并不排斥经济发展，相反各级政府要注重提升当地的经济发展水平，"经济发展水平的提升在一定程度上则意味着财政收入水平的提升，从而能够进一步增加对公共服务领域的财政投入，为公共服务提供了坚实的物质基础。"① 各城市政府在服务型政府的建设过程中，首先，要按照科学发展观的要求，结合自身实际，调整经济发展结构，转变经济发展方式，积极推动经济又好又快发展。各城市政府不应再以牺牲环境和资源为代价而片面追求经济增长，而应该通过科技创新、管理创新、制度创新等措施鼓励政府革新经济管理方式，提高经济发展效益；其次，在经济发展的基础上，不断增加公共服务投入，努力提供与该城市经济发展水平和公共财政能力相适应的公共服务。要不断健全公共预算制度和公共财政体制，优化公共支出结构，保证公共资源得到合理分配，为提高城市公共服务总量和质量提供财政保障。最后，建立公共财政支出绩效评估制度，提高公共财政支出绩效。要积极提高公共服务投入效率，处理好公共服务投入数量和效益之间的关系，确保公共资源得到有效利用。

（2）关注民生为重点

切实保障公民的生存权与发展权是服务型政府建设的目标和任务。经济发展的最终目的也是为了人的全面发展。因此，建设服务型政府应处理好效率与公平的关系。随着经济社会的快速发展，公民的需求不断增长，这种增长不仅体现为由公共需求增长

---

① "厦门市建立公共服务水平与经济发展水平相适应机制的研究"课题组：《公共服务水平与经济发展水平相适应机制建设的本土探索——厦门市的案例研究》，《东南学术》2012年第1期。

加速和公共需求主体扩大而带来的服务总量的增长上，还体现为公共需求结构的变化上，据中国统计年鉴等资料显示：我国城乡居民的恩格尔系数由 1978 年的 57.5% 和 67.7% 分别下降到了 2012 年的 37.1% 和 40.8%。面对这一形势，各地方政府在推进服务型政府建设的进程中，要将进一步保障和改善民生作为政府工作的重中之重。首先，健全公共服务职能体系，扩大公共服务覆盖范围，为公民提供基本公共服务。根据各地实际情况，不断提升公立医院、房价稳定、环境保护等领域的公共服务水平，为公众创造良好的生活环境；其次，建立健全各项制度，为公共服务提供制度保障。比如，改革政绩考核制度，将公共服务绩效纳入政绩考核之中，以确保公共服务职能得到有效履行；健全问责制和监督机制，保障公共服务效果；等等。最后，积极推动公民参与，发挥公民、企业及 NGO 在公共服务中的作用，通过多元合作的方式，减轻政府负担，不断提高公共服务总量和质量，为公民提供多样选择。民生问题的解决反过来也可以为经济增长提供动力，公民需求得到较好地满足，有利于社会秩序的维护，从而为经济发展创造良好的社会环境。

（3）坚持科学发展

注重短期利益而牺牲长远利益，注重局部利益而损害整体利益，注重经济效益而忽视社会效益的发展方式，必然会导致发展畸形和发展滞后问题。为此，我们需要反思发展到底意味着什么？发展最终是为了满足人们日益增长的物质文化需要而服务的。因此，建设服务型政府必须贯彻落实科学发展观，坚持以人为本，促进经济社会和人的全面发展，政府在履行经济职能的同时，要更加注重保障和改善民生。在服务型政府建设的过程中，各级政府应该按照科学发展观和构建和谐社会的要求，坚持走科学发展之路，不断推动和谐社会建设。一方面，推动城市经济又好又快发展，不断增加社会物质财富，不断提高城市公共服务能力，改善人民生活；另一方面，通过经济发展保障人民各项权益和社会公平正义，促进社会和谐。各城市政府真正贯彻落实科学发展观，才可以更好地处理效率与公平、发展与稳定、政府与社会之间的关系，通过有效的措施不断提高经济发展水平和公共服务水平，才可以逐步增加公民对政府的认同，进而提升公众满意度。

2. 职能与责任相匹配

职责对等是公共管理的重要原则。履行好公共服务职能是建设服务型政府的首要内容，通过服务型政府的整体建设，又可以进一步提升公共服务水平，因此，建设服务型政府，首先要明确政府的职能定位，服务型政府的核心职能是公共服务职能，各级政府要不断强化这一职能；同时，政府的权力来源于人民，政府享有一定的公共权力，也必须承担相应的责任，"责任是权力的孪生物，是权力的当然结果和必要补充，凡有权力行使就有责任。"[①] 因此，推动责任政府建设也是建设服务型政府的应有之义。此次调查显示，公共服务公众总体满意并不高，也可以说是公众对城市公共服务的一种低评价，我们不得不反思现状背后所暗含的政府责任问题。因此，建设服务型政府，要坚持职责对等原则，通过一系列措施来保障公共服务的顺利开展，最终提升公共服务水平。

---

① 〔法〕法约尔：《工业管理与一般管理》，中国社会科学出版社，1982。

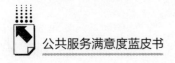

（1）强化服务职能

推动政府职能转变，将政府主要职能从经济建设转到公共服务上来，是服务型政府建设的内在要求，"只有正确认识政府行为的服务性质，才能找到评判政府行为成败得失的价值尺度。"[①] 在明确政府职能定位的基础上，通过各种措施不断强化政府的公共服务职能，则是保证公民的基本需求得到满足的重要前提。因此，建设服务型政府首先要明确两个基本的问题：一是政府要做什么；二是政府怎么做。首先，推动政府机构改革，明确政府职能分工，建立权限清晰、分工合理的政府职能体系，解决好政府职能越位、缺位、错位问题。其次，结合各城市的实际情况和国家经济社会发展的现实要求，不断健全公共服务职能体系。公共服务职能要随着经济社会发展的变化做出适应性调整，政府要解决公共服务供给不均衡问题。根据本次调查分析的结果可知，各级政府在保证教育、基础设施、文化休闲设施等领域的服务得到持续有效提供的同时，更要注重改进政府在稳定房价和推动公立医院改革这两个普遍弱项上的服务。最后，政府要学会适度放权，处理好政府与各种非政府组织之间的关系，充分发挥非政府组织在公共服务中的积极作用，以更好地提高公共服务总量和服务质量，为公众提供更多选择。需要说明的是，强化公共服务并不意味着要弱化经济发展，相反是为了更好地推动经济与社会协调发展，使经济发展与社会发展之间相互促进，共同推动社会的整体进步。

（2）督促责任落实

政府的权力是人民赋予的，政府必须对人民负责，正如库珀

---

① 吴爱鸣、沈荣华、王立平：《服务型政府职能体系》，人民出版社，2009，第15页。

所言："无论何时，当发现所供职的机构疏于为公民的利益着想，更没有为公民的最大利益着想时，所有的公共行政人员，实际上是所有的公共雇员都有责任去维护他们的公民利益。做不到这一点就是违背了受托责任，也是对公民责任的否定。"[①] 因此，建设服务型政府不仅要明确并强化服务职能，还要通过一定的责任机制来规范公共权力运作，督促政府责任的落实。张成福教授认为最广义的政府责任是指"政府能够积极地对社会民众的需求做出回应，并采取积极的措施，公正、有效地实现公众的需求和利益"。[②] 不断为公民提供基本的公共服务并及时地对公众的不同需求做出相应的回应，是服务型政府的职责所在。督促政府落实责任，要注意两个层面的问题：一是要通过一定的措施确保政府的职责得以有效履行，二是要对政府的失职失责行为加以惩治。这两个问题的解决是确保公共服务得到有效提供的重要保证。首先，提高政府在提供公共服务工作中的服务意识和责任意识，强化政府的道德责任，加强政府自律，保证政府责任的主动落实；其次，提高政府公共管理的透明度，推动政府公共服务信息公开，便于社会对政府公共服务过程进行监督，以此督促政府主动履职；最后，改革和完善政府绩效管理制度，将公共服务绩效纳入政绩考核体系之中，以此给政府施加压力，促使其积极承担职责；最后，建立由公众、上级政府及立法机关联合问责的机制，加强监督问责力度；同时加大违法违规行为的惩处力度，追究政府的失责行为。服务型政府重视人民的主体地位，不断满足

---

① 库珀：《行政伦理学：实现行政责任的途径》，张秀琴译，中国人民大学出版社，2001。
② 张成福：《责任政府论》，《中国人民大学学报》2000年第2期。

公众的基本需求，同时也必须为自己的行为承担起应有的责任。

（3）坚持职责对等

在政府提供公共服务的过程中，要处理好权力行使与责任承担之间的关系，以职责对等原则指导公共服务职能的履行。一方面，履行职能本身就是一种必要的负责方式，要通过自律和他律等措施保证政府认真履行公共服务职能；另一方面，要加强对政府履职过程的监督，对于那些滥用权力、失职失责、违法违规的行为要加以严惩，特别是要加强责任政府建设。总之，只有通过各种措施来保障政府职责得以履行，才能更好地推进服务型政府建设的进程；也只有将服务职能履行与政府责任落实结合起来，推动责任政府建设，才能建设一个真正意义上的服务型政府，正如有学者所言："那些事实上掌握着权力的人并不享有行使公共权力的某种主观权利；而恰恰相反，他们负有使用其手中的权力来组织公共服务，并保障和支配公共服务进行的义务。"[1]

3. 供给与需求相平衡

公共服务的供给过程从来不是单向的，服务供给与公众需求是相对的。一方面，不断为全社会提供基本的公共服务是政府的职责所在，政府要扮演好其在公共服务和公共产品提供上的主导者角色。另一方面，公共服务供给要有针对性和回应性，公众的利益诉求要得到一定的回应，以更好地保障公民权益的实现。但是通过对城市公共服务公众满意度的调查发现，公众满意度并没有达到我们的预期，有些在公共服务领域下了很多工夫的城市反

---

[1] 〔法〕莱昂·狄骥：《公法的变迁：法律与国家》，郑戈、冷静译，辽海出版社、春风文艺出版社，1999。

而没有得到应有的公众评价。鉴于这一现实状况，同时考虑到公共服务过程的双向性特征，为提高公共服务效率，必须要处理好服务供给与需求回应之间的关系，如此才能真正提高公共服务效能，提升公共服务公众满意度。

（1）增加服务供给

建设服务型政府，要以为全社会提供必要的和优质的公共服务为目的。要提高公共服务公众满意度，必须先提供基本的公共服务供民众选择，公众有了一定的选择权，可以更好地对公共服务做出评价。此外，随着社会经济的发展，公众的基本需求日益增长，各城市政府应该致力于不断满足公民日益增长的物质文化需求上，解决公共服务不到位和公共产品短缺的问题。为更好地满足公众需求，不断增加公共服务供给，可以从以下几个方面着手：首先，各城市政府要根据本城市的实际情况，建立可持续的公共服务财政支持体制，保证基本公共服务供给总量和质量的不断提高，同时扩大公共服务的覆盖范围，让更多的人享受到城市基本公共服务；其次，引入竞争机制，采用多元供给方式，通过克服政府服务供给低效和垄断问题，进一步提高公共服务效率，提高公共服务质量，增加公民选择的可能性；最后，建立公共服务绩效评估体系，完善政府绩效评价机制，通过绩效考核检验政府公共服务成效，监督政府公共服务过程，督促政府主动增加公共服务供给。

（2）回应公众需求

公共服务是一个双向的过程。作为公共服务的提供者，政府面对的服务对象是公民，要保障公众基本的生存权和发展权的实现，这就需要政府对公众日益增长的不同需求作出回应，否则只是单向地提供公共服务的过程是低效的，这会导致资源的浪费、公众的不满及各种腐败问题的发生。单向式供给或强制性供给，非但不会受到公众的认可，反而会降低公众对政府的认同，导致公共服务满意度的低下。因此，公共服务一定要在了解公众需求的基础上推进，正如有学者所言："根据公共需要的变化不断提供公共服务，是现代政府的基本职责。"[①] 首先，建立健全公共服务信息公开制度，提高公共服务的透明度，为确保公众能及时准确地了解相关信息提供制度保障，确保公众享有对公共服务的知情权。其次，建立有效的公众诉求表达机制，拓宽民众诉求表达渠道，确保服务供给者了解公众需求。比如，由第三方机构开展民意调查，收集民众反馈信息；规范网络表达运作，掌握民众需求动态；引入专家论证，代表公众发言等。最后，建立健全有效的公共服务回应机制，及时解决人民群众最关心、最直接、最现实的问题并做好反馈监督工作，更加关注和保护弱势群体的需求和利益。

（3）提高服务绩效

公共服务绩效结果包括产出与效果两部分，前者是指"做了什么"，是现时可见的结果，产出具有一定的客观性；后者是"做得怎样"，是产出所产生的影响，效果带有较多的主观色彩。只有当产出与效果相对等时，公共服务才是有效率和有效益的。若公共服务只注重"量"的增长，而忽略"质"的提高或偏离公众需求，则会导致公共服务资源利用率低下，以及公众对公共服务的低评价。这就能在一定程度上解释为什么有些城市政府在

---

① 王琳、漆国生：《提升地方政府公共服务能力思考》，《理论探索》2008 年第 4 期。

公共服务中作了大量工作，却并没有获得较高的或预期的公众满意度问题。忽视公民诉求的单项式服务供给，会降低公共服务绩效。因此，要提升公共服务公众满意度，必须要处理好服务供给与服务需求之间的关系，不断提高公共服务绩效，"公民的公共服务需求和政府供给水平达到均衡的时候，公共服务的供给才是最有效率的"。① 服务型政府要将服务做到位，真正实现利为民所谋。

4. 服务与管理共推进

政府的行政管理包含两个层面的内容：一是政府对整个社会的公共事务进行管理，为社会提供公共服务；二是政府对自身进行管理，提升政府效能。这两个领域的管理是相互作用、相互影响的，任何一个管理领域出现了问题都会直接影响到公众对政府行为的评价。根据本次调查，许多沿海发达城市在"服务维度"上的得分相对较高，但在"政府维度"上的得分却偏低，这表明加强政府自身建设的任务仍十分艰巨。政府自身建设不足会干扰公众对政府公共服务的总体评价。因此，建设服务型政府，要协调好公共服务与自身管理之间的关系，兼顾政府"硬件"和"软件"两方面的建设。一方面，要进一步提高政府公共服务能力，满足公民的基本需求，以提高公民满意度；另一方面，加强政府自身建设，改善政府形象，提高政府公信力，为提升公众满意度创造条件。

（1）提高公共服务能力

所谓政府公共服务能力是指"政府在履行公共服务职能时，

---

① 胡伟、吴伟主编《中国城市公共服务公众满意度蓝皮书》，上海人民出版社，2013。

运用现代公共行政方法和技能，利用公共资源，为社会和公众提供公共服务，以满足公共服务需要所具备的能量和力量"[1]。政府公共服务能力决定着公共服务职能的实现程度，能力的高低影响着服务供给水平。因此，不断提升政府公共服务能力，加强地方政府公共服务能力建设是建设服务型政府的重要任务之一。首先，强化政府公共服务意识，端正公服务者的服务态度。公共服务意识会引导公共服务人员做出服务行为，良好的服务态度可以为公共服务效果加分，因此，树立服务意识和服务态度有助于改善公众对行政行为的评价，从而获得较好的公众满意度，"从某种意义上说，公共服务意识的增强本身就意味着公共管理者能力的提升"。其次，提高公共服务人员的公共服务技能，增强公共服务执行能力。诸如基础教育、公立医院、环境保护领域相对而言都具有一定的专业性，这有赖于具有专业素质的服务人员发挥其在公共服务中的作用。最后，提高政府应急管理能力。面对社会上发生的突然紧急事件，各级政府要做出及时有效的应对，否则，会引起公众对政府能力的质疑，影响公众对政府行为的评价。"我们是人民政府，更应该把加强危机管理作为政府的重要职能，把提高保障公共安全、处置突发公共事件的能力作为政府建设的重要任务，作为对人民负责和衡量政府管理水平能力的重要标准。"[2] 有些城市在日常的管理和服务中取得了一定的成效，但某次紧急事件处理不当，会极大地降低公众对政府整体行为的评价，最终影响了公共服务公众满意度。

---

[1] 王琳、漆国生：《提升地方政府公共服务能力思考》，《理论探索》2008 年第 4 期。

[2] 魏礼群：《全面履行政府职能，提高应急管理能力》，中国改革论坛网，2010 年 12 月 1 日。

（2）重视政府自身管理

这里所讲的政府自身管理是指采用各种途径保持行政人员公利性，规范公共权力运作，通过政府"软件"建设提高其内部管理效能的过程。"政府的自身建设就是要政府对自身的积弊进行大刀阔斧的革除。这是政府的自身建设的最大困难所在，也是政府进行自身建设的试金石"。[①] 加强政府内部管理是建设服务型政府的重要内容。政府自身的管理效能直接影响到公众对城市公共服务的总体评价。因此，不断推动政管理体制改革，创新政府管理方式，提高政府自身管理水平，对于提高外部公众对政府行为的评价而言具有迫切的现实意义。首先，建立健全公共政策民主化和科学化机制，不断提高政府决策的民主化和科学化水平，要使公共政策体现民意并接受公众监督；其次，加强政府绩效管理，完善公务员考核激励机制，不断提高行政效率和政府效能；最后，加强反腐治理，规范公共权力运行，逐步改善政府形象，提高政府公信力。

（3）管理与服务相统一

服务型政府从来不是通过单方面的建设就能实现的，而是要通过很多方面的建设来共同推进。从大而简的方面来说，建设服务型政府包括加强政府内部管理和外部管理两个方面的内容。前者是加强政府的"软件"建设，以为外部管理奠定奠定良好的组织条件；后者是加强政府的"硬件"建设，以为社会提供更有效的公共服务。二者相互影响，相互促进，共同影响着公众对

---

① 黄泽民：《关于我国新型政府基本属性的深层解析——兼论推进政府自身建设的紧迫性与明智政府》，《福建行政学院学报》2008 年第 3 期。

政府的认同及其对政府行为的总体评价。桑玉成教授曾提出："行政存在的根本任务是管理好外部社会，即充分履行其行政职能。而为了能够做到这一点，必须有一套科学合理的行政体系和行政管理方式，即是说，要搞好行政的外部管理，必须首先搞好行政的内部管理；内部管理是外部管理的基础和前提。"① 因此，提高公民满意度的一个重要途径，就是要提高政府自身管理水平，改善政府自身效能。建设服务型政府要统筹好政府公共服务与政府自身管理之间的关系，在推进服务型政府建设的过程中要坚持内外互动，双向提高的原则。一方面，加强政府"硬件"方面的建设，着力提高政府提供公共服务的能力；另一方面，加强政府"软件"方面的建设，提高政府管理效能，增强政府公信力。在管理过程中，只有将这两个方面的建设结合起来，做到统筹兼顾，共同提升政府行政管理水平，才有助于真正达到公众的评价标准，促使政府行为价值的实现。

三 提升城市公共服务公众满意度的对策建议

根据本次调查的分析结果，34 个城市在九项公共服务领域中的公众满意度存在较大差距。其中，有些城市（如厦门）在各项公共服务领域都做得比较好，其成功的经验值得总结并为其他城市提供借鉴；而有些城市（如深圳）在多个公共服务领域公众满意度排名靠后，其中的问题和原因需要认真反思和分析。有些公共服务领域（如文体设施）得到了被调查城市公众的良

---

① 桑玉成:《内部管理与外部管理：行政研究的两个视角》,《中国行政管理》1996 年第 6 期。

好评价，而有些公共服务领域（如公立医院和房价稳定）的公众满意度偏低，个中原因也值得我们注意。根据对各城市经济发展水平、公共服务人均投入与公共服务公众满意度之间的相关性分析，公众满意度与城市经济发展水平和公共服务投入之间并没有明显的相关性，这一发现同样需要我们关注。从经济发展与公共服务之间的相互作用来看，加大对公共服务的投入比重，以及提高公共服务投入效率，无疑对于提升公共服务水平和公众满意度来说具有重要作用。此外，34 个城市在政府维度（政府效能、信息公开、政府诚信、公众参与）方面的公众满意度得分更低，公众对政府自身建设的评价直接影响了城市公共服务公众总体满意度结果。鉴于上述分析，为进一步提升公共服务公众满意度，各城市政府在推进服务型政府建设的过程中，需要着力从加强政府自身建设、缩小公共服务提供的差距、提高公共服务投入效率、加大公共服务投入及改善公共服务管理方式等方面去努力，以提升公共服务的公众总体满意度。

1. 加强政府自身管理

通过本次调查发现，34 个城市在"政府维度"上的得分普遍偏低，这与 2011 年的调查结果相比并没有明显改进，因此，加强政府自身管理仍是今后服务型政府建设的关键。为更好地推动服务型政府建设，提高政府公共服务水平，进而改进公众对城市公共服务的评价，首先需要提升政府内部管理水平，为外部管理和服务的开展奠定基础。具体来说，提高政府自身管理水平，可以从健全决策机制、强化政府责任、推动公民参与等方面着手努力。

（1）健全科学民主决策机制是保证公共服务决策科学化的

重要举措

掌握决策权的公共组织一般会通过公共政策的形式来承载公共服务内容。但是权力具有被滥用的可能性，现实中政府滥用决策权而谋取私利的现象甚为常见。如何保证政府制定的公共政策真正包含公共利益的考虑，如何提高公共政策过程的合法化和透明度，如何保证公共服务政策科学有效是一个值得认真思考的问题。若公共服务在决策环节就存在问题却未得到纠正，则将会引发公共服务低效或无效等一系列后续连锁反应。因此，在政府内部管理中，一定要提高决策效力，坚持科学民主决策机制，"科学民主决策是增强政府执行力和公信力的基本途径"。[①] 杭州市启动的开放式决策在这方面提供了较好的借鉴。首先，坚持依法决策。各级政府及其部门在制定组织内部管理政策和外部服务政策时，一定要依据法律、法规及相关的制度规定进行决策，这可以通过提高决策的透明度加以保障。其次，健全决策咨询机制。政府是一个有限理性的公共组织，政府为社会提供的基本公共服务具有相对较多的专业性，因此，应该充分发挥决策参谋部门、决策咨询机构及专家学者们在公共政策制定中的智力支持作用。再次，积极促进公民参与公共决策过程，发挥公众参与自身管理的作用。提高决策透明度和公民参与度，保障公民的知情权；继续完善诸如听证会、投票等传统民主决策方式，同时积极引导和规范网络民主的运作，理性辨别公众需求信息；发挥第三方评估机构在收集民意信息中的作用等。最后，完善制度建设，通过制度保障科学民主决策的落实，同时也需要各级政府敢于接受社会

---

① 闫越：《进一步加强政府自身建设的系统思考》，《国家行政学院学报》2008 年第 1 期。

监督，真正发挥监督机制对民主决策机制的保障作用。总之，通过各种方式来提高政府决策的法制化、科学化和民主化程度，通过科学民主的决策机制，将公众需求反映到公共服务政策之中，有利于真正体现公共服务的"公共性"特征，从而为提升公共服务公众满意度奠定基础，而所有努力的施展和目标的实现，都需要一个有高度责任感和改革魄力的地方政府决策者的有力作为。

（2）强化政府责任是督促政府履职的必要内容

政府责任是指政府在行使公共权力的过程中应该承担的职责。强化并落实政府责任，建设责任政府是服务型政府的重要内容，"责任政府是指政府能够积极地对社会民众的需求做出回应，并采取积极的措施，公正、有效率地实现公众的需求和利益"。① 在政府公共服务过程中，督促政府有效履职是公共服务得以保证的重要前提。因此，采取一定的措施保证政府责任履行到位，是实现公共服务目标的重要内容。具体来说，强化政府责任主要包含三个层面的内容：一是政府必须树立并强化其为民服务的责任意识；二是政府必须承担起履行公共服务职能并增进公共利益的义务；三是政府要对失职失责行为负责。政府责任的落实最终要通过政府责任制度和问责机制的完善加以保障，"政府所有的一切权力，既然只是为社会谋幸福，因而不应该是专断的和凭一时高兴的，而是应该根据既定的和公布的法律来行使"。② 首先，加强行政决策责任制，将决策权与决策责任统一起来，促

---

① 张成福：《责任政府论》，《中国人民大学学报》2000 年第 2 期。
② 〔英〕洛克：《政府论》（下），叶启芳，衡菊农译，商务印书馆，1964。

使决策者依照法定权限和程序认真履行决策职能，防止决策权的滥用，严惩违法违规的决策行为，追究相关决策者的责任，以保证公共服务政策包含公共利益目标。其次，加强行政问责制，将行政问责与行政监察、审计监督结合起来，加强对行政领导的监督和责任追究。问责不是目的，而是为了促使各级行政领导将公共服务职责摆在重要的高度上，"问责制的本质在于对公共权力进行监督以及对过失权力进行责任追究，其最终目的在于保证政府系统的正常运行，遏制权力腐败以及保障公众利益尽量不受损失或损失最小化"。① 再次，加强对政府行为的监督，规范公共权力运作。积极引导异体问责和多主体监督，发挥公众、大众传媒、社会组织等主体在监督政府公共服务中的作用。只有政府真正将公共服务责任落实到位，才能有效改进公共服务供给，进而提升公共服务公众满意度。

（3）推动公民参与是改善公民对政府行为评价的必要措施

公民参与政治生活和公共事务管理，是行使公民权的重要方式。改革开放以来，随着我国政治、经济、社会等方面的建设和发展，社会中的利益主体越来越多，而且呈现多样化特征，公民政治参与的意识逐步提高，"中国改革开放所形成的自由环境使公民得以参与政治生活，创造着活生生的民主形式，改善着地方的治理结构"。② 但总体上，公民参与的形式和渠道较为单一，公民利益诉求表达机制并不健全，这有损于政府与社会关系的处理，而对政府自身管理和政府公共服务形成阻碍。通过民意调查

---

① 谭功荣：《问责制：责任政府最基本的实践形式》，《中共福建省委党校学报》2004 年第 7 期。

② 杨光斌：《公民参与和当下中国的治道变革》，《社会科学研究》2009 年第 1 期。

也发现，34个城市公众对政府允许公民参与的满意度得分高于6分的只有8个城市，这说明各级城市政府在推动公民参与方面做得并不好。因此，采取措施拓宽公民参与的渠道和范围，积极发挥公民在公共事务管理中的作用，对于维护社会稳定、保障公民权利及改善公民对政府行为的评价而言具有重要的现实意义。第一，积极推动公民发挥其在政治生活中的作用。加强基层民主建设，规范网络民主运行，采用民意调查方法等，加强对民意信息的反馈，理性识别公众多样化的需求信息，通过各种途径，引导和规范公民参与公共管理。第二，积极引导公民参与公共服务供给过程。进一步健全听证会制度，改革公共服务供给方式，积极推动公共服务的社会化供给，加强社区治理，引导公众参与到公共服务中来，以更好地促进公共服务质量的提升。第三，完善政务公开，保障公民的知情权。只有更好地了解政府的政策信息，才能引导公民有针对性和有效地参与到公共服务中来，并促使其为解决实际问题而提出具体的可操作性的现实对策。当然，要实现公民参与的有效进展，还需要从推进政治体制改革的总方向上给予支持和保障。

2. 缩小公共服务公众满意度差距

根据前面几章的内容分析，我们已得知，34个城市公共服务提供的公众满意度已达到较高水平，但城市之间的差距依然较为明显。这种差距与地区性、经济发展水平及地方政府实际工作能力等并没有显著相关性。各城市和各领域的公共服务公众满意度间的不均衡状态，主要体现为三个方面：一是不同城市在公共服务提供的公众满意度以及公共服务公众总体满意度间的明显差距，二是九项公共服务领域在各城市整体评价中的公众满意度差距，三是除个别城市外，大部分城市在本市的九项公共服务满意度方面存在明显的优劣势。面对这些差距和问题，各城市政府有针对性地采取积极措施，缩小公共服务的各种差距，是提高城市公共服务公众满意度的重要内容。

（1）提升自身公共服务实力是缩小各城市之间差距的首要举措

根据本次调查结果，在城市公共服务公众总体满意度排名中，排名前十的城市依次为：厦门、青岛、杭州、宁波、重庆、长春、成都、济南、海口和银川，而我国传统意义上的"北上广深"四大一线城市无一能入围，这表明，即使是公共服务提供能力较强的城市，其提供的公共服务也不会必然获得本市市民的好评。面对这一分析结果，各城市政府首先都需要积极反思自己存在的问题，有针对性地对本市在公共服务领域中的薄弱环节及公众不满意的领域加以全面改进。由于不同层次、不同城市之间亟需提高的公共服务的核心和重点项目有较大的不同，因此这里不会针对每个城市提供的公共服务重点提出更为细致的建议，而需要各大城市政府自身的积极作为。比如，深圳市在此次公共服务公众总体满意度得分排名中位于最后，且其在房价稳定、公立医院、社会保障和基础教育这四项公共服务的公众满意度城市排名中都为倒数第一位，作为一个经济发展迅速、社会较为开放、优惠政策较多的城市，为何本市公民对该市政府提供的公共服务评价如此差劲？这需要深圳市政府认真反思。此外，调查结果显示，在这九项公共服务中，文体设施公众满意度最高，而公众对房价稳定和公立医院的打分相对于其他公共服务而言要低，这表明，保持房价稳定和公立医院的公益性改革是当前各大城市政府所面临的最迫切和亟待解决的问题。

（2）学习借鉴其他城市的有益经验是改进各城市公共服务评价的积极举措

学习和借鉴国内公共服务满意度得分较高和较均衡的城市以及国外城市的成功经验，积极推动公共服务方式创新，是改进城市公共服务评价的重要措施。将这一举措与反思自身优劣势并有针对性地自我改进方式结合起来，是提升城市公共服务公众满意度的必备内容，二者是相互补充、相互促进的。在这一过程中，首先，需要做得较好的城市总结自身经验，并分享和公布其相对成功的有益经验。比如，根据本项目 2011 年和 2012 年的调查研究结果，厦门市连续两次在公共服务公众满意度得分排名中名列第一，其成功的经验需要加以总结并为其他城市政府做借鉴。其次，国内各城市政府需要开放思维，主动学习和借鉴其他城市在某些领域的有益经验，以"取长补短"之态度和行为，不仅致力于提升本市公共服务水平，而且积极推动某一地区各级城市的公共服务水平。最后，了解和把握国际动态，深入研究国外城市在公共服务评价中的积极做法，并结合本市的实际情况，因地制宜地推动公共服务方式和公共服务评价方式创新，探索提升公共服务公众满意度的有效途径。

（3）改革政绩考核制度是督促各城市政府积极提升公众满意度的重要保障。

当前，政府绩效考核仍以经济增长为主要考核指标，在片面政绩观的影响下，各级政府在提供公共服务的过程中，将经济效益置于优先考虑的地位，而没有真正的内在动力去致力于从切实保障公民生存权和发展权的角度去开展公共服务，甚至在有些时候，公共服务效益的提升只是促进经济发展所获得的副产品。因此，为更好地激励和督促各级政府积极提升公共服务水平，高度重视公共服务公众满意度，需要改革现行政府绩效考核制度，各大城市政府应将公共服务绩效纳入到地方政府绩效考核指标体系之中，以此从制度层面保障各城市政府在公共服务提供的行为中更积极、更主动和更有创新性。

此外，贯彻落实中央提出的进一步推进基本公共服务均等化建设的目标和任务，并将这一任务细化至各大城市自身公共服务的提供中来，也是缩小各城市公共服务公众满意度差距的重要内容。需明确的是，对城市公共服务公众满意度排名进行赶超或竞争不是目的，提升本城市公共服务公众满意度和缩小城市间公共服务公众满意度的最终目的是提升本市公共服务水平，真正将公民利益放在城市发展的第一位上，因此，在各大城市改进公共服务的过程中，一定要时刻谨记这一点，将真正为民谋利作为检验自身公共服务行为的标尺。

3. 增加公共服务投入

公共服务投入是指政府将一部分财政资金投入到公共服务领域之中，以支持公共服务发展的一种财政支出项目。将国家的主要财政收入用于支持公共服务支出中来，以为满足社会公众的公共需求而提供充足的物质保障是建设服务型政府的重要内容。保障财政支出向公共服务领域倾斜是公共服务得以有效开展的重要前提，否则会出现"巧妇难为无米之炊"之困境。现实中公共服务投入不足在一定程度上会影响政府的公共服务能力，许多地方存在的公共服务供给不足、供给低效等问题都与公共服务投入不足有一定的关系。本次调查分析显示，厦门市有较高的公众满意度，这与厦门市政府不断加大公共服务投入，努力提升公共服务水平有一定的关系。因此，保证公共服务领域的财政投入，加大对公共服务项目的支出，对于提升当地政府公共服务供给能力，改善公民对公共服务的评价而言就显得极为重要，"在我国GDP和人均财政支出持续快速增长的同时，要进一步加大对公共服务的投入，特别是要加快推进公共支出结构的优化调整，引导财政资金优先向公共服务领域倾斜，扭转我国公共服务改善速度远远落后于经济增长速度和财政支出增长速度的不利局面"。增加公共服务投入，需要各大城市根据本市实际，合理调整公共支出结构。

（1）进一步强化公共服务职能，增加公共服务投入

结构与职能的合理配置是保障职能得到有效履行的必备原则。在一定程度上，公共财政支出结构是由政府职能大小和侧重点决定的。因此，优化财政支出结构，增加公共服务投入的第一步是，进一步推动城市政府职能转变，切实督促各城市政府将主要职能转变到提供公共服务中来。面对当前的发展形势和国内环境，各大城市政府及基层政府要将主要精力放在保障和改善民生上，而要在民生保障领域有所实际作为，就需要相对减少经济建设方面的支出，增加对基本公共服务的投入，特别是要增加对基础教育、公立医疗、社会保障、环境保护、社会治安、公共交通等方面的投入比重，当然"底线是不要让公共服务制约整体经济发展"。此外，各大城市在公共服务提供中有各自的优劣势所在，因此，改进哪些领域的公共服务，增加哪些领域的公共服务投入要结合本市的实际情况，合理适度地做出调整。

（2）减少纯消耗性财政支出，增加公共服务支出比重

随着社会经济的不断发展，政府管理的公共事务日益繁多，增加行政管理支出成为必然。但是，自改革开放以来，我国的行政管理费呈现不合理增长态势，行政成本不断增加，国家财政负担加重。高额的消耗性财政支出也体现在各大城市的财政支出结构上。因此，要增加公共服务支出比重，就需要各大城市压缩纯消耗性财政支出，尤其是减少"三公经费"支出，而将更多的财力用于增加公共服务供给上；同时加强对行政经费的管理，以保证公共财政资源的合理有效使用。例如，目前公费旅游、公车私用、公款吃喝等现象普遍存在，越来越庞大的"三公消费"支出挤占了用于改善民生上的财政支出，加剧了国家财政负担，引发了民众的强烈不满，严重损害了政府形象。如何压缩"三公经费"是当前各级政府都应勇于突破的问题。减少消耗性财政支出，把有限的财政资金用到民生这个"刀刃"上，是提高公共服务公众满意度的必要举措。

（3）加大对公共服务薄弱环节的财政支持力度

为公众提供均等的基本公共服务，是现代政府的基本职责之一。推进基本公共服务均等化建设，也是各级政府推动服务型政府建设的重要任务。但现阶段我国基本公共服务不均等问题比较突出，城乡之间、区域之间及不同社会成员之间在享受基本的公共服务上存在较大差距。这些问题同样存在于各大城市之中。面对有限的资金和资源以及多样的公共服务需求，要提升公共服务成效，满足公众的服务需求，需要合理配置财政资源。各大城市全面提升公共财政对公共服务薄弱环境的支持力度，是平衡公共服务供给，促进本市协调发展和实现社会公平的重要举措。公共

服务的薄弱环节不仅体现为公共服务某些领域的提供不足或公众评价不高上，而且体现为城市市民对公共服务享有和享用的不均衡上。因此，各大城市增加对公共服务的薄弱领域，尤其是住房调控和医疗卫生服务领域的财政投入，加大对城市弱势群体享用基本公共服务的财政支持力度，是提升本市公共服务水平和提高公众满意度的重要内容。

4. 提高公共服务投入效率

公共服务投入效率是指公共服务投入与产出之间的对比关系，有效的或高效的公共服务投入体现为公共服务产出大于公共服务投入。提高公共服务投入效率，可以使所投资源得到有效利用，从而达到花多少钱办多少事或花较少的钱办较多的事的效果，反之，在公共服务领域投入较多，却没有为老百姓带来实惠，则会造成资源的浪费，引起民众的不满。本次调查结果显示，公共服务投入与满意度之间没有明显的相关性。这并不意味着，提升公共服务提供的公众满意度，不需要增加财政投入，而是表明了另外一个值得重视的问题：城市公共服务投入存在效率低下问题，政府花钱为民办事却未能够让民众满意。因此，反思城市公共服务绩效，应该重视公共服务投入效率问题。高效的公共服务投入可以利用有限的财政资源扩大公共服务范围，增加公共服务供给，为公众办更多实事、好事，进而提升公共服务公众满意度。在保障公共服务基本投入的前提下，提高公共服务投入效率可以从明确公共资源投入重点、健全公共服务供给机制、加强公共服务绩效评估等方面着手努力。

（1）明确公共资源投入重点

提高公共服务供给总量和质量，离不开公共资源（人、财、

物等）的投入。合理分配公共资源、将公共资源投入到合适且紧急的领域，才能更好地实现公共资源的有效利用，满足公共服务供给的需要。因此，提高公共服务投入效率，需要明确公共资源要投入到哪些领域，才能更好地为公共服务供给服务。

首先，应减少形式主义，将公共资源投入到关乎民众切身利益的公共服务领域。根据民调分析结果，各城市政府都需要更加关注公立医院改革和房价稳定等公共服务领域，同时，不同城市政府要结合自身实际致力于解决较弱的公共服务问题，比如广州市应该着重提高政府在稳定房价、社会治安和环保三项公共服务的公众满意度；对于上海而言，提高房价稳定的公众满意度更是当务之急；北京市的房价稳定公众满意度相比上海而言更为迫切，同时，提高环境保护工作的公众满意度也是提高北京市公共服务公众满意度的重要内容。

其次，把握公共服务投入时机，发挥投入资源的最大效用。公共服务要适应时空条件的变化，有些公共服务领域的改善需要时间，有些服务领域的改善会较为迫切，因此，将公共资源用于急需改善的公共服务领域，提高政府在公共服务过程中的应急管理能力，可以更好地实现公共资源的优化配置和有效利用，也可以提高公众对政府服务能力的评价。

最后，加强对重点领域公共公共服务投入的监管。对于公共服务投入较多的服务领域，会有较多的利益空间，如果本用于改善民生的资源被自利者所侵占，则不仅会降低公共服务投入效率，也会隐藏各种腐败，这些问题一旦暴露，则会引起公众的极大不满，降低公众对公共服务的评价。因此，加强对公共服务投入过程的监管，是进一步保障公共资源投入效率和改善公共服务提供的公众满意度的重要途径。

（2）健全公共服务供给机制

政府在提供公共服务上存在低效、不透明等问题。合作治理成为当下各国政府提高治理效能的重要方式。改变主要由政府提供公共服务的单一供给方式，充分放权，实行由政府部门、企业和 NGO 构成的公共服务多元供给体制，实现公共服务的多元化供给，不仅可以生产出更多样的公共产品供公民选择，而且有利于降低公共服务成本，提高公共财政资源的使用效率。因此，各城市政府要结合本城市的实际情况和具体公共服务领域的属性要求，稳步有效地推行公共服务的多元供给。首先，政府应适度放权，引入多元公共服务供给主体参与，实现合作治理。政府单独负责公共服务供给的方式已经与时代环境、政府自身能力、公共需求等不相适应，政府要进一步改变垄断方式，赋予社会组织、公民、企业一定的权限，发挥其在各自擅长的公共服务领域中的作用，如此可以更好地实现公共服务资源的优化配置和有效利用，提高公共服务投入效率。其次，应适度引入部分公共服务的市场化供给方式。打破政府垄断供应模式，在公共服务领域引入市场竞争机制，是提高公共服务供给效率的重要举措。各城市政府要在准确把握公众需求的基础上，通过委托、承包、采购等方式购买部分公共服务。在公共服务供给的市场化运作中，要防止公共责任缺失问题，政府要发挥市场监管职能。最后，要推动部分公共服务的社会化供给。公共服务关乎民众最直接、最现实的利益问题，充分发挥民众自身在公共服务自我供给与管理中的作用是提高公共服务效能的重要内容。社会化供给需要积极鼓励和支持社区、NGO 等非政府组织参与到公共服务提供中来，充分调动和发挥社会集体优势，减轻政府负担，提高公共服务绩效。

（3）加强公共服务绩效评估

运用绩效评估指标体系对政府绩效加以评估，是实施政府绩效管理，提高政府管理效能的重要内容。提供公共服务是政府公共管理的重要组成部分，"公共服务的绩效状况往往是决定政府综合绩效的核心因素。"因此，根据公共服务的特性，结合各城市的实际情况，建立公共服务绩效评估体系是确保公共服务投入绩效，监督公共服务资源的使用，提高公共服务效能的必要途径，这一点也已在前面提过，这里更多地是从绩效评估的操作层面来阐释。首先，需改革政绩考核制度，优化政绩考核指标体系，将基本公共服务考核指标纳入其中。目前，我国的政府绩效评估体系还不完善，往往将经济增长作为政府绩效评估的主要标准，而忽视了公共服务绩效、公众满意度等其他指标的作用，这就造成了一些地方政府片面追求经济增长，忽略了公共服务供给绩效。因此，优化政绩考核制度是确保公共服务绩效的前提。其次，在专家讨论、科学分析、实证验证的基础上，应建构完善的公共服务绩效评估指标体系。公共服务绩效评估指标的确立具有一定的专业性，这需要政府积极引导专家学者参与指标体系的设计，运用科学民主决策，制定出合理有效的公共服务绩效评估指标体系，其中，将公共财政支出绩效评价指标纳入公共服务绩效评估体系之中是监督财政支出效率的重要内容。最后，借鉴英国的"公民宪章"的运作方式，扩大公共服务绩效信息公开，借助于相对完善的规章制度将公共服务的内容、责任和标准等公之于众，接受公众监督。公共服务绩效评估是监督公共服务过程、保证公共服务投入效率的必要措施。

5. 改进公共服务管理方式

政府的公共管理行为不仅包括对自身内部的管理，还包括对整个社会公共事务的管理。公共服务作为公共事务的重要组成部分，也需要加强政府对公共服务的管理。公共服务管理是指采用各种有效的管理方法，对公共服务供给的具体环节进行管理，以规范公共服务运作，更好地实现公共服务目标。借助于公共服务水平的提升来改善公众对公共服务的评价，需要学习借鉴国内外相对成功的公共服务管理方式，其中公共服务的标准化管理、政府的信息化建设、标杆管理方法的运用等是改进公共服务运作环节，提升公共服务供给本身效能的重要方式。

（1）实施公共服务标准化管理

20世纪80年代开始，西方国家将企业成功的管理方法引入公共服务领域之中，其中最主要的就是借鉴企业标准化管理方式，来改善公共服务。政府公共服务标准化是指政府确立公共服务行为、技术等具体的操作和管理标准，通过机构建设、制度建设等在公共服务实践中加以推广。这一做法极大地提高了政府服务效能，也对其他国家公共服务管理创新提供了借鉴，"公共服务标准化源自标准化的发展、服务型政府建设的进程和规范化建设的进程，无疑是政府管理的创新。"面对公共服务发展不均衡的状况，我国各级地方政府借鉴这一管理方法，推动地方政府公共服务标准化管理。如杭州市上城区于2004年率先推行系统的政府公共服务标准化建设，并取得了一定的成效；2012年7月，国务院发布了《国家基本公共服务体系"十二五"规划》，提出要在10个领域建立和完善公共服务标准体系；等等。公共服务标准化管理无疑有助于提升公共服务质量，更好地实现"为民服务"。面对成效与问题，需进一步推动公共服务标准化建设。首先，应建立完善的公共服务标准化理论体系。目前我国公共服务标准化管理，实践先于理论研究，统一的、系统的理论指导的缺乏会影响公共服务标准化的发展方向和推广应用，因此，应加快构建公共服务标准化理论体系，为服务标准化实践提供指导。其次，需加强公共服务标准化的制度建设。一方面，应确立基本公共服务的标准，并通过制度建设将之确立推行；另一方面，应确立公共服务管理体制的标准，出台相关的规章制度保证公共服务标准化管理的顺利开展，在这方面可以借鉴杭州市上城区经验。最后，在具体运用和推广过程中，要确保公共服务标准的灵活性和社会价值性。公共服务标准化运作要根据各级政府的实际情况和社会条件的变化，做出灵活的调整，而非一劳永逸；同时需要注意，"公共服务标准化的最佳状态是实现工具理性与价值理性的统一。标准化管理的最终目的是实现公共服务的供需平衡，降低公共服务的机会成本。标准化引自企业管理，应用到公共服务领域时需要充分论证公共服务的特性"。

（2）加强政府信息化建设

信息化是政府加强社会管理、推进公共服务的一个重要手段。在政府公共服务过程中，充分利用网络信息技术，加强政府信息化建设，有利于及时公布公共服务信息，减少政府与公众之间在公共服务问题上的信息不对称问题，提高政府办事效率。首先，完善电子政务建设，充分发挥政府网站在提供公共服务信息、为民网上办事中的作用，积极推进政务公开，拓展网络平台公共服务的广度和深度，"电子政务的实质在于政府有效利用现代信息和通信技术，通过不同的信息服务设施，以便捷的方式更好地履行公共服务职能，以提高政府的效率，节约政府的行政成本，增强行政的透明度，从而塑造政府的服务形象"。[①] 其次，推动公共服务流程再造，积极推行"一站式"办理和"一条龙"服务。就政府部门内部而言，要在明晰各部门权责关系的基础上，整合政府内部资源，推动部门协调与合作，降低行政成本，提高公共服务绩效，为外部公共服务的开展奠定组织基础。在理顺外部公共服务流程上，要充分利用网络技术平台，实现公共服务的集中办理，减少公民办事程序，提高公共服务效率。最后，应推进多元化社区信息化建设。社区是提供公共服务的基本单位，它在为民服务中起着重要作用，应该建立统一的社区服务平台，整合社区公共服务资源和信息，通过信息平台为市民提供针对性的公共服务。

（3）运用标杆管理方法

兴起于20世纪90年代的标杆管理方法是提升政府绩效的重要工具。标杆管理的核心是不断寻找最佳的管理实践，并以此为基准与自身进行比较、分析和判断，学习和借鉴成功的管理方法，以改善自身绩效。将标杆管理方法运用到公共服务过程中，有利于公共服务绩效的提升。各城市政府在公共服务过程中，学习借鉴企业或非营利组织在公共服务提供中的有效方法，以及国内其他城市或政府组织以及国外城市在公共服务中的成功经验，并结合自身城市的实际情况，不断致力于改进自身公共服务方式，是提升公共服务水平的重要途径。比如，厦门市在提高公共

---

① 杨光斌：《公民参与和当下中国的治道变革》，《社会科学研究》2009年第1期。

服务质量方面积累了一些成功经验，其在教育事业、医疗保障、社会保障等领域逐步提高财政性经费支出比重，为厦门市公共服务质量的提高提供了物质保障。杭州市广泛使用"市民卡"，通过电子标签对市民进行身份认证，为市民享受教育、医疗、卫生、公共交通等公共服务方面的优惠提供了极大便利，也为政府部门改进公共服务质量提供了信息资源。这些相对有效的管理方式可以被推广使用，以为各城市提高公共服务能力和公共服务管理效能提供借鉴。

根据本次项目调查的分析结果，针对公共服务公众整体满意度不高、城市公共服务公众满意度不均、政府自身建设不足等问题，从推进服务型政府建设进程的宏观视角出发，统筹好经济发展与社会进步、政府职能与政府责任、服务供给与需求回应、公共服务与政府自身管理之间的关系，是提升城市公共服务水平和服务质量，提升城市公共服务公众满意度的重要内容。各城市政府参考本次调查的分析结果，对本城市公共服务绩效给予反思，并在此基础上采取各种措施进一步提升公共服务水平，提升公共服务公众满意度，可以更好地推进城市服务型政府建设。总体而言，各城市政府在推进服务型政府建设的过程中，需要着力从加强政府自身建设、缩小公共服务差距、提高公共服务投入效率、加大公共服务投入及改善公共服务管理方式等方面去努力。我们相信，只要各城市政府本着"服务为民"的理念，真正落实公共服务职责，公众会对政府的行为作出公正的评价。

权威报告　热点资讯　海量资源

当代中国与世界发展的高端智库平台

皮书数据库 www.pishu.com.cn

　　皮书数据库是专业的人文社会科学综合学术资源总库，以大型连续性图书——皮书系列为基础，整合国内外相关资讯构建而成。包含七大子库，涵盖两百多个主题，囊括了近十几年间中国与世界经济社会发展报告，覆盖经济、社会、政治、文化、教育、国际问题等多个领域。

　　皮书数据库以篇章为基本单位，方便用户对皮书内容的阅读需求。用户可进行全文检索，也可对文献题目、内容提要、作者名称、作者单位、关键字等基本信息进行检索，还可对检索到的篇章再作二次筛选，进行在线阅读或下载阅读。智能多维度导航，可使用户根据自己熟知的分类标准进行分类导航筛选，使查找和检索更高效、便捷。

　　权威的研究报告，独特的调研数据，前沿的热点资讯，皮书数据库已发展成为国内最具影响力的关于中国与世界现实问题研究的成果库和资讯库。

皮书俱乐部会员服务指南

1. 谁能成为皮书俱乐部会员?

- 皮书作者自动成为皮书俱乐部会员;
- 购买皮书产品（纸质图书、电子书、皮书数据库充值卡）的个人用户。

2. 会员可享受的增值服务:

- 免费获赠该纸质图书的电子书;
- 免费获赠皮书数据库100元充值卡;
- 免费定期获赠皮书电子期刊;
- 优先参与各类皮书学术活动;
- 优先享受皮书产品的最新优惠。

社会科学文献出版社 SOCIAL SCIENCES ACADEMIC PRESS (CHINA)　**皮书系列**

卡号: **8297752587386075**

密码:

（本卡为图书内容的一部分，不购书刮卡，视为盗书）

3. 如何享受皮书俱乐部会员服务?

（1）如何免费获得整本电子书?

　　购买纸质图书后，将购书信息特别是书后附赠的卡号和密码通过邮件形式发送到pishu@188.com，我们将验证您的信息，通过验证并成功注册后即可获得该本皮书的电子书。

（2）如何获赠皮书数据库100元充值卡?

　　第1步: 刮开附赠卡的密码涂层（左下）;

　　第2步: 登录皮书数据库网站（www.pishu.com.cn），注册成为皮书数据库用户，注册时请提供您的真实信息，以便您获得皮书俱乐部会员服务;

　　第3步: 注册成功后登录，点击进入"会员中心";

　　第4步: 点击"在线充值"，输入正确的卡号和密码即可使用。

皮书俱乐部会员可享受社会科学文献出版社其他相关免费增值服务

您有任何疑问，均可拨打服务电话: 010-59367227　QQ:1924151860

欢迎登录社会科学文献出版社官网(www.ssap.com.cn)和中国皮书网（www.pishu.cn）了解更多信息

法 律 声 明

"皮书系列"（含蓝皮书、绿皮书、黄皮书）由社会科学文献出版社最早使用并对外推广，现已成为中国图书市场上流行的品牌，是社会科学文献出版社的品牌图书。社会科学文献出版社拥有该系列图书的专有出版权和网络传播权，其 LOGO（▨）与"经济蓝皮书"、"社会蓝皮书"等皮书名称已在中华人民共和国工商行政管理总局商标局登记注册，社会科学文献出版社合法拥有其商标专用权。

未经社会科学文献出版社的授权和许可，任何复制、模仿或以其他方式侵害"皮书系列"和 LOGO（▨）、"经济蓝皮书"、"社会蓝皮书"等皮书名称商标专用权的行为均属于侵权行为，社会科学文献出版社将采取法律手段追究其法律责任，维护合法权益。

欢迎社会各界人士对侵犯社会科学文献出版社上述权利的违法行为进行举报。电话：010 - 59367121，电子邮箱：fawubu@ ssap. cn。

社会科学文献出版社